U0366751

舰船尾流场声学特性
与制导效能

Acoustic characteristics and
guidance efficiency of ship wake flow

蒋晓刚 苑志江 金良安 吕明冬 著

上海交通大学 出版社
SHANGHAI JIAO TONG UNIVERSITY PRESS

内容简介

本书从舰船尾流的成因、基本特性等基础理论出发,分析了舰船尾流场的运动规律,并构建了尾流场声散射模型、声透射模型和声传播模型,在此基础上开展了舰船尾流场的声学特征试验,建立了舰船尾流场强度与制导效能的关系。

全书共分 8 章,包括绪论、舰船尾流场运动规律研究、舰船尾流场声学探测理论研究、舰船尾流场声学探测模型研究、舰船尾流场强度与制导效能试验研究、舰船尾流自导鱼雷数学模型研究、舰船尾流场强度与制导效能数值研究、舰船尾流场强度与制导效能试验研究等内容。本书可供舰船隐身技术相关专业的大学生、研究生,以及从事尾流等相关研究的科技人员阅读参考。

图书在版编目(CIP)数据

舰船尾流场声学特性与制导效能/蒋晓刚等著. 一
上海:上海交通大学出版社,2023.12
ISBN 978 - 7 - 313 - 27375 - 8

Ⅰ.①舰… Ⅱ.①蒋… Ⅲ.①船舶工程—尾流探测
Ⅳ.①U666.7

中国版本图书馆 CIP 数据核字(2022)第 162950 号

舰船尾流场声学特性与制导效能
JIANCHUAN WEILIUCHANG SHENGXUE TEXING YU ZHIDAO XIAONENG

著 者:	蒋晓刚　苑志江　金良安　吕明冬			
出版发行:	上海交通大学出版社	地　址:	上海市番禺路 951 号	
邮政编码:	200030	电　话:	021 - 64071208	
印　制:	上海万卷印刷股份有限公司	经　销:	全国新华书店	
开　本:	710mm×1000mm　1/16	印　张:	12.5	
字　数:	224 千字			
版　次:	2023 年 12 月第 1 版	印　次:	2023 年 12 月第 1 次印刷	
书　号:	ISBN 978 - 7 - 313 - 27375 - 8			
定　价:	48.00 元			

前　言

舰船在航行过程中,由于从吃水线部分卷入大量空气,加上螺旋桨的旋转产生空化作用,从而使舰船艉部的海水形成一条含有大量气泡的气泡幕带,这就是通常所说的舰船尾流。由于舰船特征不同,其形成的尾流特性也各不相同,因此在军事领域中舰船尾流常常成为对舰船进行定位和跟踪的重要依据,尾流自导鱼雷便是利用舰船尾流特征对舰船进行跟踪和攻击的一种制导武器,其中常用的制导方式之一就是根据尾流的声学特征进行制导,因此,研究舰船尾流场声学特性与制导效能的关系对于提高舰船防御能力具有重要意义。

目前,国内研究舰船尾流场特征的团队较少,系统和深入介绍舰船尾流场声学特性及制导效能的专业书籍较少。本书是从事舰船尾流场研究近 20 年的科研团队所取得的成果总结,同时汲取了大量国内外相关文献的精华,力求兼顾系统性、知识性、适用性和前瞻性,为从事相关研究的科研人员提供技术参考。

全书共 8 章。第 1 章主要介绍了舰船尾流场的概念、成因和分类,并系统阐述了舰船尾流场的检测方法和尾流自导鱼雷制导机理。第 2 章主要对舰船尾流场的运动规律进行了研究,分别从舰船尾流场的表征方法、远程尾流场运动规律和近程尾流场运动规律出发,对舰船尾流场的单气泡和气泡群运动规律进行了分析。第 3 章对舰船尾流场声学探测的相关理论进行了研究,从声学理论基础出发,重点对舰船尾流场声学散射特性和声学探测方程及回波指标进行了分析。第 4 章主要是对舰船尾流场的声学探测模型进行了研究,包含尾流场声散射模型、声透射模型和声传播模型 3 个方面,为后续研究奠定了理论基础。第 5 章进行了舰船尾流场的声学特征试验,通过模拟不同强度的尾流场,分析声学测量方法的有效性及尾流场气泡数量与回波的关系。第 6 章重点是建立舰船尾流自导鱼雷的数学模型,建立了尾流自导鱼雷自导效能的评估模型、回波模型和基本弹道模型。第 7 章通过数值方法分析了舰船尾流场强度与制导效能的关系。第 8 章对舰船尾流场强度与制导效能之间的关系进行了试验研究,分析了不同气泡量的尾流场对制导效能的影响,表明抑制舰船尾流场气泡数量对抗尾流自导鱼雷是完全可行的。

参与本书编写的均是舰船安全保障与防护团队的骨干成员,除此之外,王涌、韩云东、张志友、郑智林、李腾飞等也参与了本书的编写与审校工作。由于作者学识水平有限,书中错误和疏漏之处在所难免,敬请读者批评指正,也欢迎对书中内容持有不同观点的读者和作者交流、讨论。

目　录

第1章

绪　论

　　舰船在航行过程中,在艉部的海水中形成一条含有大量气泡的气泡幕带,又被称作尾流。由于舰船尺寸、吃水等参数的不同,舰船形成的尾流参数也各不相同,因此在军事领域中舰船尾流常常成为对舰船进行定位和跟踪的重要依据。尾流自导鱼雷便是利用舰船尾流与周围海水介质物理性质的相异性,对目标进行跟踪、探测和攻击的一种制导武器,其中基于尾流气泡的声学特征进行制导是尾流自导鱼雷最常用的一种制导方式,因此研究尾流场声学特性与制导效能之间的关系十分重要。

1.1　舰船尾流场概述

1.1.1　舰船尾流场概念

　　舰船在航行过程中,由于从吃水线部分卷入大量空气,同时螺旋桨的旋转产生空化使海面的波浪破碎,从而使舰船艉部的海水形成一条含有大量气泡的气泡幕带,这就是通常所说的舰船尾流。尾流会在舰船艉部的一定区域内产生一个明显区别于其他水域形态的特殊区域,它是舰船行进中不可避免的产物。尾流沿着船体延伸,一般而言,长度可以达到几千米甚至上万米。尾流中含有的气泡数量多、大小直径各异,其中大气泡上升速度快、容易破碎消亡,而细微小气泡可以在海水中存在较长的时间。鉴于海水与尾流气泡的压缩率、密度等因素导致尾流气泡分布不均匀的现象,光波、声波等因素在这两种介质中传输存在着不同的特性,可以利用此特性对舰船进行探测、跟踪。舰船本身的运动速度、海面风速和波浪、螺旋桨的尺寸等都会对舰船尾流形成影响。

　　从物理学的角度而言,尾流具有光学特性、电磁学特性、声学特性等。也正因为尾流具备的各种物理特性,尾流研究可以分为光尾流、声尾流、磁尾流等。由于尾流所具各异的物理特性,产生尾流的海水水域会与周围水域产生一定的差别,通过研究这些差别,尾流可用于武器制导、舰船跟踪等。利用尾流特性的探测方法主要有:利用红外线探测仪探测热尾迹,利用电磁仪测量潜艇的磁尾迹,利用声方法探测气泡尾迹等。

1.1.2 舰船尾流场成因

空气可以被机械地束缚在海洋表面或者以气泡的形式被分散,最常见的一个现象就是白浪现象,大量的空气还会沿着行进中的舰船的吃水线被束缚起来,从舰船尾流的研究中发现被束缚的空气能够产生声学尾流。然而绝大部分气泡源于高速旋转的螺旋桨形成的空化作用。空化现象在水中产生"空穴",一旦在水中产生了这样的空穴,空气就会通过扩散作用进入空穴,而当这些空穴瓦解时,气体便以气泡的形式存在。因此,水下气泡的形成过程包含两个截然不同的机理:空化机理以及气体在液体中扩散和溶解的热力学机理。

根据流体力学的理论,空化源于螺旋桨附近所产生的负压区,这些区域产生于螺旋桨尖端的旋涡,还会产生于螺旋桨叶片背面,习惯上称为尖端旋涡空化和螺旋桨叶片空化。当螺旋桨的转速逐渐增大时,可观察到气泡首先在螺旋桨的尖端部位产生,并螺旋形地在尾流中向后运动,然后气泡开始覆盖螺旋桨叶片最靠近尖端的部分,并在叶片上形成一层薄膜。为了与更高的转速下接近螺旋桨处叶片上产生的较大气泡的旋涡空化相区别,上述现象有时称为层状空化。从物理角度来看,二者没有严格的区别,统称为叶片空化。除了螺旋桨可产生持续的空化现象之外,空化现象也出现在船体外的尖锐突出部分周围,尤其当舰船突然加速时更是如此。

除了空化现象外,气泡的扩张和收缩机理也是影响尾流存活时间的重要原因。当外界压强为一个大气压时,饱和的海水(对空气)中产生空穴后,气体从周围的水中扩散入空穴,由于氧、氮的扩散系数非常接近,因此空穴中的气体组分与溶解在海水中的气体组分是相同的。这一组分与空气中气体的组分明显不同,因为氮的溶解度是氧的2倍,就是说空穴中气体组分为1/3的氧和2/3的氮。在运动过程中,气泡每秒聚集的气体量正比于气泡的表面积、周围水中的溶解压,同时与温度和水压基本无关。

当空穴瓦解后,扩散在其中的气体将被压缩,一定半径的气泡将会形成,由叶片空化产生的空穴瓦解得非常迅速,所形成的气泡非常小。由叶片尖端的旋涡造成的空穴持续时间要长一些,因为有时螺旋性旋涡中的离心力较大。如此推测,螺旋桨尾流中大部分的气泡是由叶片尖端的旋涡空穴产生的。海水中不同深度都有溶解的氧和氮,其数量大致与海面的饱和度相关,正因如此,表面以下各处的气泡或空穴气体都是不饱和的,而且当气体重新进入水中时,气泡将会消失,溶解速度与空穴中气体聚集时的扩散理论相一致。单位时间内从气泡逃逸出的气体的分子的量近似地正比于气泡的表面积,正比于气泡内和空气溶解在水中的分压力之差。

研究结果表明,半径为 0.1 cm(3 kc 声波的共振尺寸)的气泡,大约在 20 min 内会完全溶解。如果尾流中起始气泡的线度(半径)大于等于 10^{-2} cm,则随着较小气泡的收缩,较大气泡的线度也在减小,那些最小线度的气泡在尾流形成 20 min 以后仍然存在,粗略地估计,用超声频率观察时,尾流的声学效应能够维持 15～45 min。

1.1.3 舰船尾流场特性

1) 时间特性

尾流具有的时间特性就是气泡在一定时间内,它会随时间的增加而消失。同时,不同尺寸的气泡,它所承受的海水的压力、浮力以及摩擦力不同。这就是为何较大的气泡在水中上浮的速度很快并且破碎于海水表面,较小的气泡消失的方式却是溶解于海水之中的原因。真正受到尾流的搅动等因素影响的气泡,它的尺寸是很小的。因此,气泡的尺寸与在海水中存活的时间在一定条件下成反比关系,即尺寸越大,存活时间越小。

研究发现,一般情况下,半径大于 4×10^{-4} m 的气泡,存活的时间为 2.5～3.3 min,半径在 $4 \times 10^{-5} \sim 9 \times 10^{-4}$ m 之间的气泡,在海水中存活的时间为 4.5～5.5 min,而半径达到 $10^{-6} \sim 2 \times 10^{-5}$ m 的气泡存活时间可以达到几十分钟以上。

2) 几何特性

尾流是一条含有大量气泡的气幕带,每一艘舰船尾流所具备的几何特性都是不同的,其决定性因素主要包括舰船的样式、航速以及海况等。但相同的是,所有的舰船尾流中都会集聚大量密集的气泡。由于螺旋桨旋转的作用,尾流场中的气泡会呈现一个向下的运动状态,并且尾流深度会急剧增大,当达到最大深度后,气泡的影响因素将由空穴的吸引力、螺旋桨的旋转等转变为自身气泡的浮力,这样在远场区域,舰船尾流的深度会随着时间逐渐减小。在近场区域,尾流气泡有一个外扩现象,但稍后会随螺旋桨转动而产生向后的推力的作用,原本在螺旋桨表面附着的微小气泡会随推力聚合变大,并向后移动形成尾迹。螺旋桨深度的初始位置不仅决定了尾流气泡的最初深度状态，也决定了螺旋桨搅动水面的位置，螺旋桨位置越靠近水面，空气就越可能会被机械地束缚在水层表面，从而形成白浪现象。

3）散射特性

根据空气的压缩率、密度和海水条件中存在的明显差异，当光波、声波等从海水照射到尾流场中的气泡时，就会产生散射现象。这一现象也是光尾流自导鱼雷制导的研究基础。一般，用散射截面来衡量尾流散射的大小，计算公式：

$$\sigma_s = \frac{4\pi a}{(f_r/f^2 - 1)^2 + \sigma^2} \tag{1.1}$$

式中，σ_s 表示尾流的散射截面；a 表示尾流场中的气泡半径；f_r^2 与 f^2 分别表示气泡的谐振频率以及入射波的频率；σ 表示的是气泡运动的阻尼系数。

4）吸收特性

尾流吸收特性是当光波、声波等物质传播至海水，照射到气泡时，部分能量受入射能量激励产生了变化，变成了热能与机械能，尾流吸收能量的大小取决于吸收面的大小，计算公式：

$$\sigma_a = \frac{4\pi a^2(\delta/k_r a - 1)}{(f_r^2/f^2 - 1)^2 + \sigma^2} \tag{1.2}$$

式中，σ_a 表示尾流的散射面；k_r 为液体的压缩率。

吸收截面在谐振时，谐振频率有个最大值，当谐振频率偏离了最大值之后，会根据频率偏移，随之减小。

1.1.4　舰船尾流场分类

舰船在水面航行时会产生尾流，其特征包括湍流、波现象等。尾流就是行进中的气泡幕，根据气泡的产生理论、升降规律、流体力学相关理论，舰船尾流主要分为表面波尾流、内波尾流和涡旋尾流3种。

1）表面波尾流

舰船在海洋表面航行过程中，在其艉部形成表面波尾流，由船体运动产生的尖波（又称发散波）与海面横向波之间的相互作用形成。依据形成机制和特点将表面波尾流大致分成两类：一是"V"字形尾流，船体在水面产生较短的波，发生布拉格散射，在合成孔径雷达图像中能够看到这种特点；二是典型的 Kelvin（开尔文）尾流，表面波尾流主要集中在半角约为 19.5° 的楔形区域内，由船体运动后较长的表面重力波形成，沿着船体的运动方向产生两个相干的波面集，这两个波阵面就构成典型开尔文尾流。

2）内波尾流

海洋卫星利用合成孔径雷达监视某一固定海域，从得到的图像中识别出舰艇艉部延续的尾流长度可达 24 km 的暗线，这就是水面舰船的内波尾流，海洋是温度、盐度和密度分层的复杂流体，舰船航行过程中，将海水向外推，随后海水又返回到其原位置，这种体积效应引起的海水变化便形成 LEE 波（内波）。在风致短波和重力的相互作用下，海洋会发生层流运动，由于离开平衡位置的海水会受到周围海水的浮力作用，其位移的方向与浮力的方向相反，从而导致海水振荡会生成内波。此外，当密度和温度发生变化时，海洋水层流内部变化致使舰艇本身位置的移动，并且在舰船两侧产生旋涡，同时生成波。内波尾流被作为研究潜艇水动力学尾流的主要方向。

3）涡旋尾流

舰船在水面进行航行时，在船体周围会产生涡旋尾流区，该区域内水流的流动特性和物理特性与其周围的海水区域明显不同。这是因为舰船的螺旋桨和船体的运动影响了其周围水域的原本状态。由于舰艇螺旋桨的转动，将在紧随船体后方造成尾流。尾流基于射流速度主要表现为射流特征和自由湍流扩散特征。在尾流最初生成时，由于其射流速度较大，故主要呈现为射流特征，而当射流速度逐渐减弱时，自由湍流扩散则成为尾流的主要特征。一般来说，上述湍流扩散的动量方向与舰船的航行方向相反。基于海面背景较为粗糙的条件，因为湍流尾流与舰船周围边缘会出现相对水面水平方向的涡流，且对航线附近的非表面波产生抑制。在此影响下，产生涡流的区域表面波较为平滑，且区域边缘的表面波被增强。舰船在水面航行所产生的湍流尾流就是指在合成孔径雷达图像中所呈现具有明显一边或两边较宽亮线的暗区域。由于该区域中的含尾流较为集中，故可通过光学传感器进行探测，从而判定舰船的位置。

1.2 舰船尾流场检测方法

1.2.1 光学检测方法

尾流中的气泡在短时间内生成，经历了气泡的融合、破碎、上升等过程，留下半径大概在 $15\sim160\ \mu m$ 的微小气泡，形成微气泡群。微气泡群作为尾流光学检测的主要对象，可以存在一段时间，由于气泡群对光波的吸收和散射，改变入射光波的传播方向,能量衰弱。

根据光源、探测器位置不同,尾流光学检测可以分为前向检测、后向检测,如图 1.1 所示。当进行前向检测时,光源和探测器位于被检测尾流的两侧;在进行后向检测时,光源和检测器位于被检测尾流的同侧。鉴于与声学检测体制相符合,尾流的后向光学检测成为广大学者研究的重点。

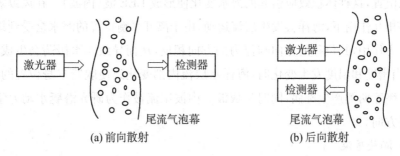

(a) 前向散射   (b) 后向散射

图 1.1　光学检测示意图

在实际应用中,利用光学检测的方法可以用于探测舰船、潜艇的尾流,尾流探测的主要途径是通过激光光束的照射,利用舰船尾流影响区域内外光线传播特性的差异,对激光变量进行探测,从而对尾流是否存在和尾流的相应特征进行判断。激光由于其物理特性相比于声学在水中传播的物理特性具有较大优势,故利用尾流光学探测相比于传统声学检测无论从探测的距离,还是灵敏度和抗扰性等方面来说,其效果较为理想。此外,在应对反探测干扰方面,舰艇一般均具备不同程度的声学反探测手段,而应用光学探测可使声学反探测手段失效。故针对舰船尾流的湍流区域进行光学探测从而对舰船进行定位锁定逐渐成为舰船探测的一种较为可行的方法。由于舰船航行过程中产生的尾流区域内含有较多气泡,在利用光学探测的照射下其散射特征较为明显。尾流气泡幕可视为在尾流区域内存在大量体积较小且随机运动的气泡群,对该区域进行激光照射时,激光在传输过程中将发生散射,其光学参数也将发生相应的变化。故利用光散射特性可以较为客观地反映所探测的气泡幕的特征。基于上述原因,针对气泡幕中光散射特性的研究对于研制光尾流自导鱼雷制导鱼雷具有较为重要的理论和实用价值。

1.2.2　声学检测方法

声学检测方法主要利用声波在船舶尾流气泡幕中的物理性质来实现。声波在与两相流界面相遇时发生折射,削弱与共振,根据接收到的声波信号通过数值比对来获取尾流信息,借此来获取船舶信息。与光波在水中的削弱速度对比,声波能够在更远的地方被侦测到,这样就可以在很大程度上增加船舶尾流检测的有效距离。图 1.2 介绍了声学检测原理,声波信号从发射装置发射,在遇到尾流后,声波信号发生反射,被信号接收装置接收。

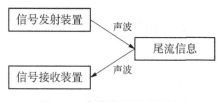

图 1.2　声学检测原理示意图

在近现代的水声学科学试验中主要是以水域中声速的测定为中心,基本完成了各个水域及深度的水声测定,为后续的科学研究提供了宝贵的试验数据。1943年,美国海军无线电和声学试验就开始了舰船尾流几何尺寸的研究,20 世纪 90 年代,Trevorrow 等利用高频声呐(28~400 Hz)测量了 10 kn(5 m/s)和 5 kn(2.5 m/s)航行的海洋考察船尾流,检测到的尾流内气泡半径尺寸分布为 8~200 μm 范围内,并得到了尾流内气泡尺寸分布函数随气泡半径和尾流深度变化关系。

声学检测方式是根据气泡动力学及伯努利方程分析,计算声波水中与气泡幕中传播速度的差异,并联系模拟尾流气泡幕的气泡率参数,建立声速-气泡率的数值对应关系,从而利用对水域中声速的测定来完成船舶尾流信息的采集。

在尾流中,气泡直径波长较小,各气泡间距离较小的情况下,水声传播速度本身不受太大的影响,可以采用通常的方法计算尾流中的声速,即

$$c = 1492.9 + 3(T-10) - 0.006(T-10)^2 - 0.04(T-18)^2 + 1.2(S-35) -$$
$$0.1(T-18)(S-35) + 0.0164h$$

$$(1.3)$$

式中,c 为声速;T 为海水温度;S 为海水含盐度;h 为水深。

尾流中声传播时的衰减和体积散射,与尾流中气泡含量有关;衰减系数、体积系数可以表示为

$$\beta_{wa} = 3774 \int_{R_{min}}^{R_{max}} \frac{4\pi R^2 g(R)\delta/\eta}{(f_0^2/f^2 - 1)^2 + \delta^2} dR \qquad (1.4)$$

$$m_{wa} = \int_{R_{min}}^{R_{max}} \frac{g(R)R^2}{(f_0^2/f^2 - 1)^2 + \delta^2} dR \qquad (1.5)$$

式中,β_{wa} 表示尾流中衰减系数(dB/m);m_{wa} 表示尾流中的体积反向散射系数(l/m);R_{max}、R_{min} 表示在给定 $g(R)$ 分布中,气泡半径的最小值、最大值(m);f_0 表示气泡的谐振频率(Hz);f 表示工作频率(Hz);δ 表示气泡谐振时的衰减常数;

η 表示气泡截面周长与声波之比 $\left(\eta = \dfrac{2\pi R}{s}\right)$；$g(R)$ 表示单位体积中按气泡半径的分布函数(m^{-3}，$\mu\mathrm{m}^{-1}$)。

区别于传统声呐探测，船舶尾流的声学检测是通过对目标尾流的声学性质研究取代利用声呐探测舰船本体的方式进行对船舶的识别与追踪。这种方式的优势在于船舶尾流较船舶本体目标更大，存在时间更长，这样就更加容易获得船舶的尾流信息进而完成对目标的发现与追踪。

1.3 尾流自导鱼雷制导机理

尾流自导鱼雷制导是利用舰船尾流与周围海水介质物理性质的相异性，对目标进行探测、跟踪的一种制导方式，根据利用物理性质的不同，可分为声探测、光探测、热探测、电导率探测、磁探测等。其中尾流的声探测制导是目前应用最广的探测方式之一，其具有受水文条件影响小、自导作用距离远、抗干扰能力强、发射平台隐蔽性强、可用于复合制导等诸多优势。舰船尾流与周围海水介质物理性质的根本差异取决于尾流中的大量气泡，气泡群的存在会使尾流具有多种特殊的物理性质，产生声、光、热、电导率、磁、放射性等十几种形式的物理场。尾流自导鱼雷制导本质是利用尾流场中气泡对尾流声学特性、光学特性、热力学特性等物理性质的影响来实现对目标的探测和跟踪，因此研究舰船尾流场的物理特性及其中气泡分布变化规律是掌握尾流以及深入研究尾流自导鱼雷制导的基础。

尾流自导鱼雷的制导过程可分为检测和控制两部分，即先检测到舰船航行所形成的尾流场声学特征信号，而后确定自身与目标的位置信息，再进行鱼雷自身的导引和控制。根据尾流自导鱼雷工作方式的不同，其制导机理分为主动式与被动式两种。

1.3.1 主动式尾流自导鱼雷制导机理

主动式尾流自导即鱼雷可主动发射声波对尾流目标进行探测，并接收尾流目标反射回来的声波信号，进行目标位置分析实现制导，其具体工作原理如图 1.3 所示。

主动式尾流自导鱼雷制导装置开启后，其配备的声波发射机高频率、周期性地向上方海面方向发射声波信号，声波经海面反射被鱼雷配备的声波接收机接收，海面反射的声波信号作为检测基准。当鱼雷继续航行至尾流目标下方时，由于舰船

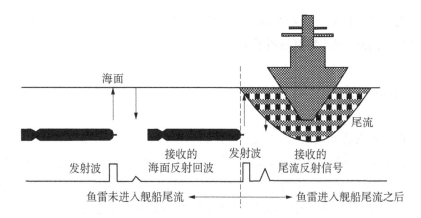

图 1.3　主动式尾流自导装置检测目标尾流示意图

航行产生的尾流场中含有大量微小气泡,气泡群的散射作用会使反射回接收机的声波信号发生明显改变,若一段时间内,此声波信号持续保持超过鱼雷所设定的检测门限,则认为探测到了尾流。

1.3.2　被动式尾流自导鱼雷制导机理

被动式尾流自导即鱼雷不主动发射声波,而是直接被动地检测尾流目标信号,对信号进行分析实现制导,其具体工作原理如图 1.4 所示。

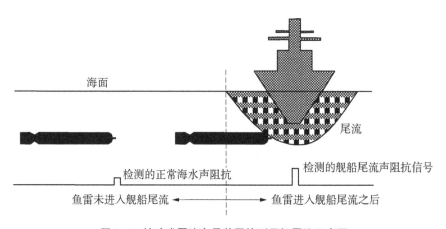

图 1.4　被动式尾流自导装置检测目标尾流示意图

被动式尾流自导鱼雷制导装置开启后,其配备的声阻抗检测装置实时检测上方海面的声阻抗信号。当鱼雷航行至尾流目标下方时,由于舰船航行产生的尾流场中含有大量微小气泡,尾流气泡群的存在必定会使此时的声阻抗信号与无尾流

时的海面声阻抗信号有所差别,若一段时间内,此声阻抗信号持续保持超过鱼雷所
设定的检测门限,则认为探测到了尾流。

1.4 本章小结

本章首先对舰船尾流场的概念、成因、特性等内容进行了阐述,表明尾流主要
是由螺旋桨空化和舰体扰流等原因形成的。然后分析了两种主流的尾流场检测方
法,其中光学检测方法所受的干扰较小,声学检测方法能够增加船舶尾流检测的有
效距离,二者各有利弊。最后,对尾流自导鱼雷的制导机理进行了总结,主要分为
主动式和被动式两种类型,主动式能够更好探测目标,被动式相对更加隐蔽。

第 2 章

舰船尾流场运动规律研究

舰船尾流场的运动规律与研究尾流自导鱼雷的制导效能关系十分重要,本章分别从舰船尾流场表征方法、远程尾流场气泡运动规律和近程尾流场气泡运动规律 3 个方面进行了理论研究与分析,为后续内容的研究奠定基础。

2.1 舰船尾流场表征方法

2.1.1 尾流场长度表征方法

舰船在航行中由于螺旋桨搅动产生的海面波浪的翻卷、破碎以及从吃水线部分卷入的大量空气,在舰船艉部形成了一条含有大量气泡的尾流区,肉眼看其长度有 20~50 倍船长,可达数千米,时间持续 10~15 min。

尾流的长度实质上是尾流的寿命,它与舰船的航速变化、海况有关,也与尾流的性质及尾流探测装置的探测能力有关。目前主要用探测到的尾流的持续时间来描述尾流的长度。通过光学特性进行测量,可近似认为,尾流的持续时间是航速的线性函数,这一线性函数可表示为

$$T = kv + b \tag{2.1}$$

式中,k 为比例系数(min·h/km);b 为一个小的修正量。

目前,声尾流自导鱼雷所用的尾流有效长度,即能使自导装置动作的尾流长度 L_A,通常用下面经验公式表示:

$$L_A = C_A V_m \tag{2.2}$$

式中,V_m 为目标舰船的航速(m/s);C_A 为比例系数,与海况及鱼雷尾流自导装置的检测能力有关。

现有的研究结果表明,不同海域可探测到的尾流长度不同,且水文条件、目标吨位、螺旋桨情况、船体特征等因素对尾流有效长度也有不同程度的影响。

2.1.2 尾流场宽度表征方法

1991年,Trevorrow等根据"CSSVECTOR号"船和"CSSPARIIEAU号"海洋调查船的实测数据对尾流宽度进行分析,给出了计算两船的尾流宽度分析公式,并认为初始扩散区和远程尾流区尾流宽度所满足的关系是一致的,但是该理论与实际有些不符。实际上,在初始尾流区,尾流受螺旋桨搅动、舰船宽度等因素的影响,而在远程尾流区,尾流宽度受其他因素的影响很小,几乎呈线性扩散。相关文献利用"CSSVECTOR号"海洋调查船的实测数据进行重新分段分析得到的尾流初始扩散区宽度为

$$w = w_0 + 15.364\,9t^{0.2184} \text{(CSSVECTOR, 5 kn)} \tag{2.3}$$

式中,w_0 为舰船艉部的尾流宽度,m;t 为测量远程尾流的时刻,s。

远程尾流区尾流宽度为

$$w_r = w_1 + 6.25 \times 10^{-2} \times v \times (t - t_0) \tag{2.4}$$

式中,w_r 为舰船艉部 r 距离上的尾流宽度,m;v 为航速,m/s;t 为测量远程尾流宽度的时刻,s;t_0 为远程尾流开始出现的时刻,s;w_1 为远程尾流开始的宽度,m。

由于 Trevorrow 等对尾流宽度的分析是对特定的舰船进行的,没有得出通用的尾流宽度特征。对舰船尾流进行仔细分析,如图 2.1 所示,尾流从舰船尾端开始

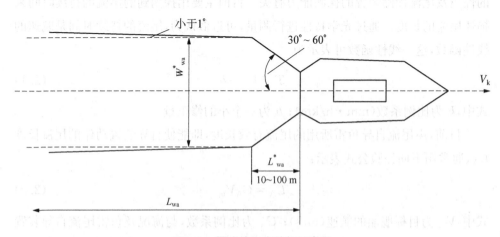

图 2.1　尾流的宽度特征示意图

有一个扩展角,一般在 30°～60°之间,该角度与舰船的速度、船型的关系不大。扩展到某一距离 L_{wa}^*($L_{wa}^*=10\sim100\text{ m}$)上,扩展角急剧减小,并且以后的平均扩展速度为 4～6 m/s,扩展角为 0.5°～1°,综上这些几何特性,尾流的宽度 W_{wa} 可以用下面的公式表示:

$$W_{wa}=\frac{W_{wa}^*}{L_{wa}^*}L_{wa}\quad(当\ L_{wa}\leqslant L_{wa}^*\ 时)\qquad(2.5)$$

$$W_{wa}=W_{wa}^*+0.017(L_{wa}-L_{wa}^*)\quad(当\ L_{wa}>L_{wa}^*\ 时)\qquad(2.6)$$

2.1.3　尾流场厚度表征方法

舰船尾流的厚度与目标舰的吃水、螺旋桨的数量及转速等有关。尾流的厚度初期为舰船吃水深度的 2～4 倍。对于猎潜艇和航母等大型水面舰艇而言,尾流厚度平均约为吃水深度的 2 倍;而对于小型舰艇,尾流厚度可达吃水深度的 4 倍。尾流的厚度与舰船的航速关系密切,通常速度越快,尾流越厚。当舰船以中速巡航时,从猎潜艇到航母的尾流厚度可用 2 倍的吃水深度计算。

如图 2.2 所示,水面舰船尾流的厚度从海面算起,当 $L_{wa}^*<L_{wa}\leqslant10L_{wa}^*$ 时,尾流厚度是 1.5～2 倍的舰船吃水深度;当 $L_{wa}>10L_{wa}^*$ 时,尾流的下边缘以 0.1°的倾角向上减小尾流的厚度。可用下面的公式表示:

$$H_{wa}=(1.5\sim2)h_k\quad(当\ L_{wa}^*<L_{wa}\leqslant10L_{wa}^*\ 时)\qquad(2.7)$$

$$H_{wa}=H_{wa}^*-0.0018(L_{wa}-10L_{wa}^*)\quad(当\ L_{wa}>10L_{wa}^*\ 时)\qquad(2.8)$$

式中,H_{wa} 为尾流厚度,m;h_k 为水面舰船的吃水深度,m;H_{wa}^* 等于$(1.5\sim2)h_k$。

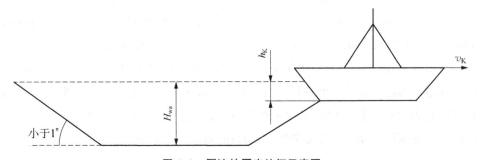

图 2.2　尾流的厚度特征示意图

2.1.4　尾流场数密度表征方法

自然情况下,海面的风速是决定海水中气泡数密度的主要因素,而在水面舰船尾流中的气泡主要是由于螺旋桨的空泡现象产生的,其气泡数密度大小主要由螺旋桨的工作状况决定,而与海况关系不大,但其数密度的变化规律与上述自然状况下海洋表层海水中气泡的数密度变化规律基本是一致的。

初始的舰船尾流中包含着大量不同尺寸的气泡,由于这些气泡中尺寸较大的气泡会较快地上升到海面而破碎,一些尺寸较小的气泡又会溶解于海水而消失,所以,舰船尾流中的气泡数密度是随着时间的增加而逐渐减小的。但直径在 $10\sim300\,\mu m$ 范围内的中等尺寸的气泡则因为尾流湍流场的作用而能存活较长的时间,对鱼雷制导有意义的尾流主要就是这些存留于远程尾流区中的气泡,它们的数密度可以达到 $5.98\times10^6/m^3$,通常比周围海水的气泡数密度高 $1\sim2$ 个数量级。这也是尾流自导鱼雷通常不会受自然状况下海水中气泡的干扰,而能准确捕获跟踪水面舰船产生的尾流场的根本原因。此外,由于尾流场中湍流的充分搅拌,尾流中气泡数密度沿着尾流宽度方向的分布应是基本均匀,中心略高。而尾流气泡数密度随尾流深度变化的规律尚缺乏完整的实测数据,故还未能总结出有价值的规律,有待于进一步研究。

2.1.5　尾流场尺度表征方法

现有研究成果已经表明,尾流中气泡的分布特征除数密度比海洋背景中高外,其尺度分布特征是相似的。

大多数试验中观测到的海洋中比较稳定存在的气泡的最大半径约为 $300\,\mu m$,利用激光全息照相技术在海洋中测量的气泡的最小半径为 $10\,\mu m$。1981 年,Johnson 和 Cooke 在研究中指出,稳定气泡的最小半径还有可能更小(约 $3\,\mu m$);Yount 等的研究发现在蒸馏水和胶质中被固定的气泡甚至可以达到 $1\,\mu m$ 或者更小。由此可见,海洋中存在着大量不同尺度的气泡,而不同尺度又对应着不同的数密度分布。为定量描述气泡的尺度分布特征,必须引入气泡尺度的概率密度函数 $f(R)$,它表示在单位体积海水中半径为 R 的气泡占总气泡数的比例。气泡尺度的概率密度函数 $f(R)$ 与气泡数密度 $n(R)$ 的对应关系如下式所示:

$$f(R)=\frac{n(R)}{\int n(R)\mathrm{d}R} \tag{2.9}$$

由前面关于尾流数密度特征的分析可知,自然环境中由风流作用、海浪破碎所产生的气泡,理论分析和实际测量的结果都表明 $n(R)$ 依赖于风速 v,经验公式给出 $n(R) \propto v^{a}$,当 v 的单位取 m/s 时,指数 α 在 $3.0 \sim 4.7$ 之间。另一方面,海水中还存在着由鱼类、藻类等生物组织或其他原因产生的气泡,但其能稳定存在的尺度分布规律是基本一致的。虽然如此,但采用不同测量手段,所得到的 $f(R)$ 是不完全相同的。如图 2.3 所示,大量的实测数据表明,当采用光学方法测量时,所得气泡尺度的概率密度函数曲线形状多数是,存在一段平稳的最大值区间,在区间两侧曲线则迅速下降,用 f_1 表示;而采用声学方法测量时,所得曲线形状多数是单调减小的,用 f_2 表示。f_1 和 f_2 二者的一个共同点是,当 $R > R_b$ 后,与气泡半径的指数成比例衰减。

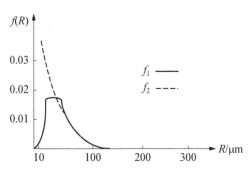

图 2.3　气泡尺度分布随气泡半径的变化趋势

2.2　舰船远程尾流场气泡运动规律

根据气泡数密度及影响气泡运动主要因素的不同,将水面舰船尾流分为远程尾流区和近程尾流区两个区域来研究气泡的运动。在舰船的远程尾流区,气泡的数密度较小,气泡之间的间距一般要远大于气泡直径,气泡间的相互作用可以忽略,其运动可作为单个气泡来处理;而由于螺旋桨搅动形成的湍流的衰减,影响其运动的因素也主要变成自然的海洋环境。本章将利用牛顿运动力学和流体力学的基本原理,区分远程尾流区的不同情况,考察气泡的运动情况。首先通过分析气泡在静止流体中的运动情况,建立起描述水中气泡运动的初步数学模型,求解其上升速度,考察其运动路径;其次研究流和波浪等不同运动环境中气泡的运动情况,分析它们对于气泡运动的影响;最后研究气泡运动过程中的半径变化与速度的耦合影响,并与试验测量结论对比分析。

2.2.1　静止流体中单个气泡运动研究

在舰船的远程尾流区,气泡间距一般较大,其所处流场运动与海洋背景相差不大。因此,对于远程尾流区的气泡而言,若海洋背景中流速和风浪可以忽略,则可近似作为静止流体中单个气泡处理。同时,静止流体中单个气泡的运动研究又是进一步深入研究的基础。因此本节将从静止流体中单个气泡的受力分析入手,研究其上升速度与路径。

1) 静止流体中单个气泡的受力分析

研究单个气泡在静止流体中运动,先通过分析气泡受力建立气泡运动数学模型。首先做以下假定:①由于气泡处于远程尾流区,气泡之间的距离较大,忽略气泡间相互作用;②气泡都等效呈球形处理,并忽略上升过程中其体积及周围环境的温度变化;③不考虑气液两相间的质量传递。在此假设条件下,气泡在静止流体中运动的过程中主要受到浮力、黏性阻力、附加质量力、Basset 力等 4 种力的影响,其他力学因素可以忽略。

(1) 浮力 F_f。

浮力是由气、液两相之间的密度差所引起,表示为

$$F_f = V(\rho_l - \rho_g)g \tag{2.10}$$

式中,V 表示气泡体积;ρ_l、ρ_g 分别表示气泡外部流体和内部气体的质量密度;g 为重力加速度。设 r 和 d 分别为气泡半径和直径,则 $V = 4\pi r^3/3 = \pi d^3/6$,又因 ρ_l、ρ_g 通常相差千倍,所以可以忽略气泡自身重力的影响。则式(2.10)可表示为

$$F_f = \frac{4}{3}\pi r^3 \rho_l g = \frac{1}{6}\pi d^3 \rho_l g \tag{2.11}$$

(2) 黏性阻力 F_D。

气泡在流体中运动的黏性阻力可以当成空泡均匀绕流问题来求解,可表示为

$$F_D = \frac{1}{2}C_D \rho_l \pi r^2 v_b^2 \tag{2.12}$$

式中,C_D 为气泡在水中运动的阻力系数;v_b 为气泡运动速度。

(3) 附加质量力 F_{vm}。

当气泡相对流体做加速运动时,会带动其周围的部分液体也做加速运动。这样推动气泡运动的力将大于加速气泡本身所需的力,这就好像是气泡质量增加了一样,故加速这部分增加质量的力被称为附加质量力。实质上附加质量力是由于气泡作变速运动引起气泡表面上压力分布不对称而形成的。它的理论表达式可写成:

$$F_{vm} = \frac{2}{3}\pi r^3 \rho_l \frac{dv_b}{dt} \tag{2.13}$$

试验表明,实际的附加质量力将大于理论值,因此常在上式中引入经验系数 K_m,即

$$F_{vm} = K_m \cdot \frac{2}{3}\pi r^3 \rho_1 \frac{\mathrm{d}v_b}{\mathrm{d}t} \tag{2.14}$$

(4) Basset 力 F_B。

当气泡在黏性流体中作加速运动时,将受到一个瞬时流动阻力,即 Basset 力,它考虑了气泡的加速历程,它的理论表达式可写成:

$$F_B = 6r^2\sqrt{\pi\rho_1\mu}\int_{t_0}^t \frac{\mathrm{d}v_b/\mathrm{d}\tau}{\sqrt{t-\tau}}\mathrm{d}\tau \tag{2.15}$$

式中,μ 为液体黏度系数;t_0 为气泡开始加速的时间。

由上述分析得出,单个气泡静止流体中运动的受力方程为

$$\rho_g V \frac{\mathrm{d}v_b}{\mathrm{d}t} = F_f - F_D - F_{vm} - F_B \tag{2.16}$$

当气泡运动一段时间后,随着速度的变化,气泡受力将达到平衡,此时加速度变为零,气泡上升的速度达到稳定值。由于虚拟质量力和 Basset 力都是由于气泡在流体中作加速运动而产生的,由此可以得出气泡达到稳定速度的条件为

$$F_f = F_D \tag{2.17}$$

计算结果及试验研究结果都表明,气泡的加速过程极短;相关文献也指出气泡产生后极短时间内(不到 0.1 s)即可加速到与其半径相对应的稳定速度,因此对于静止流体中运动的气泡来说可以不考虑气泡的加速过程,而认为气泡运动时只受到浮力与黏性阻力的影响,对接近静止的远程尾流区的气泡运动也可作类似处理。

2) 静止流体中单个气泡的稳定上升速度

气泡从静止开始运动时,其上升速度会不断增大,当增大到一定程度时,F_D 与 F_f 相等、加速度为零时,气泡上升的速度达到稳定的最大值;而从某一初速度开始运动的气泡一段时间后也将达到一稳定速度,称之为稳定上升速度。忽略气泡的变形、气体扩散和表面活性剂等因素的影响,气泡将以这一速度做匀速直线运动。

黏性阻力 F_D 是黏性系数 C_D 的函数,而 C_D 与雷诺数 Re 有关,一般通过试验得到。目前公认与试验数据符合得最好的计算 C_D 的公式为

$$C_D = \frac{24}{\mathrm{Re}}(1 + 0.173\mathrm{Re}^{0.657}) + \frac{0.413}{1 + 16\,300\mathrm{Re}^{-1.09}} \tag{2.18}$$

雷诺数 Re 是反映流体惯性力与黏性力作用相对重要性的无量纲参数,且有

$$Re = \frac{\rho_1 v_b d}{\mu} \tag{2.19}$$

整理即得静止流体中单个气泡的稳定上升速度 v_T:

$$v_T^2 = \frac{4dg}{3C_D} \tag{2.20}$$

综合上式,即得静止流体中气泡稳定上升速度的数学模型。由于模型中含有 C_D 的函数,现按黏性系数 C_D 值随 Re 变化情况分段进行求解。

当 Re < 1 时,黏性系数 C_D 与雷诺数 Re 之间呈近似线性关系变化,$C_D \approx 24/Re$,将其代入式(2.20)整理可得

$$v_T = \frac{\rho_1 g d^2}{18\mu} \tag{2.21}$$

这与经典的 Stokes 公式是一致的。

当 1 < Re < 400 时,$C_D \approx 18.5/Re^{0.6}$,将其代入式(2.21)整理可得

$$v_T^{1.4} = \frac{g}{13.9}\left(\frac{\rho_1}{\mu}\right)^{0.6} d^{1.6} \tag{2.22}$$

当 400 < Re < 4000 时,气泡的尺度通常较大,运动过程中会伴随随机的不规则变形,而变形大小又与气泡形状相关。在这一范围内,气泡已不能再做球型处理,因而对气泡速度的准确计算比较困难,一般采用 Mendelson 经验公式计算:

$$v_T = \left(\frac{2.14\sigma}{\rho_1 d} + \frac{gd}{2}\right)^{1/2} \tag{2.23}$$

式中,σ 为液体的表面张力系数。

当 Re > 4000 时,气泡就不再稳定,极易破碎成较小尺度的气泡。

为方便与试验研究结论进行比较,利用上述模型计算当大气压 $P = 1.01 \times 10^5$ Pa,温度 $T = 20℃$ 时,水中不同直径气泡从静止开始运动的稳定上升速度,其中各参数取值:$\rho_1 = 1.03 \times 10^3$ kg/m³、$\sigma = 7.30 \times 10^{-2}$ N/m、$\mu = 1.01 \times 10^{-3}$ Pa·s。

该模型虽然没有考虑气泡运动中的形变、气体的扩散、表面活性物质等因素的影响,但它把握了决定气泡运动的主要力学因素,因此仍能够较好地表示水中气泡的上升速度。

由图 2.4 可知,在气泡直径 $d < 2\,\text{mm}$ 的范围内,气泡的稳定上升速度随着气泡直径的增大近似线性变大;在 $d = 2\,\text{mm}$ 附近,气泡上升速度达到最大,约为 $30\,\text{cm/s}$;气泡继续增大时,速度会稍有下降,但随着尺度的增加,又会略为增加。当气泡直径 $d > 15\,\text{mm}$ 时,已无法用上述模型计算,但相关文献通过大量试验总结出此时气泡的稳定上升速度接近 $30\,\text{cm/s}$。

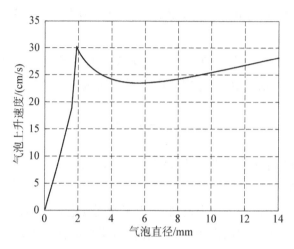

图 2.4　气泡直径与上升速度的关系

2.2.2　远程尾流区流场中单个气泡运动研究

海流是海洋中海水水平或垂直地从一个区域流向另一个区域的大规模流动过程。在远程尾流区,流场是影响气泡运动的主要因素之一,研究流场中单个气泡的运动对于理解尾流气泡的运动状态有着重要意义。本节将从气泡在流场中的受力入手,进而研究气泡在流场中的运动方程,并分析流对单个气泡运动的影响。

2.2.2.1　气泡在流场中的受力分析

气泡在静止流体中运动过程中主要受到浮力、黏性阻力、附加质量力、Basset 力等 4 种力的影响,其他的力学因素可以忽略。而流场中受力更多,从而使得其运动也更为复杂,也应该考虑其他的力学因素。

1) 黏性阻力、附加质量力和 Basset 力

计算气泡在流场中运动的黏性阻力、附加质量力和 Basset 力都要考虑气泡与流体的相对运动速度,可表示为

$$F_{\text{D}} = \frac{1}{2} C_{\text{D}} \rho_1 \pi r^2 (v_1 - v_{\text{b}})^2 \tag{2.24}$$

$$F_{vm} = K_m \cdot \frac{2}{3}\pi r^3 \rho_1 \left(\frac{dv_1}{dt} - \frac{dv_b}{dt}\right) \tag{2.25}$$

$$F_B = 6r^2\sqrt{\pi\rho_1\mu}\int_{t_0}^{t}\left(\frac{dv_1}{d\tau} - \frac{dv_b}{d\tau}\right)\frac{d\tau}{\sqrt{t-\tau}} \tag{2.26}$$

式中,C_D 为气泡在水中运动的阻力系数;v_b 为气泡运动速度;v_1 为流速;K_m 为附加质量力经验系数;μ 为液体黏度系数;t_0 为气泡开始加速的时间。

2) 压力梯度力

设 P 为流场压力,当气泡在压力梯度为 ∇P 的流场中运动时,并设所在计算范围内 ∇P 为常数,则作用在气泡上的压力梯度力为

$$F_p = -\frac{4}{3}\pi r^3 \nabla P \tag{2.27}$$

若气泡在重力场中静止流体中运动,该力就是气泡所受浮力。

3) Magus 升力

气泡在有速度梯度的流场中运动时,由于冲刷气泡表面的速度不均匀,气泡将受到一个剪切转矩的作用而发生旋转。在低雷诺数的情况下,一般认为球形气泡相对流体的旋转角速度 ω_i 为

$$\omega_i = -0.5\nabla\times(v_{1i} - v_{bi}) \tag{2.28}$$

Rubinow 等给出了球形气泡在流体中边运动边旋转形成的 Magus 升力的计算公式:

$$F_{Mi} = \pi r^3 \rho_1 \omega_i \times (v_{1i} - v_{bi}) \tag{2.29}$$

即

$$F_{Mi} = \frac{1}{2}\pi r^3 \rho_1 (v_{1j} - v_{bj})\left[\frac{\partial(v_{1j} - v_{bj})}{\partial x_i} - \frac{\partial(v_{1i} - v_{bi})}{\partial x_j}\right] \tag{2.30}$$

式中,i 和 j 均为张量坐标。

4) Saffman 升力

气泡在有速度梯度流场中运动时,由于气泡表面各处的速度不一样,从而导致表面各点的压力不一样,这样气泡将受到一个 Saffman 升力的作用,它的表达式为

$$F_s = K_s r^2 \rho_1 (v_{1j} - v_{bj})\left|v_1\frac{\partial v_{1j}}{\partial x_i}\right|^{1/2} \tag{2.31}$$

Saffman 给出了 $K_s = 6.46$,式(2.31)对 Re < 1 时是有效的。

2.2.2.2 气泡在流场中的运动方程

根据前面的受力分析,依据牛顿第二定律,便可建立气泡在流场中的质心运动方程,即气泡所受的合力使之产生运动的加速度:

$$m_b \frac{\mathrm{d}v_b}{\mathrm{d}t} = \sum F \tag{2.32}$$

式中, m_b 为气泡质量, $\sum F$ 包括前面分析的所有受力。即

$$m_b \frac{\mathrm{d}v_b}{\mathrm{d}t} = F_D + F_{vm} + F_B + F_p + F_M + F_S \tag{2.33}$$

为了建立比较简单的流体中气泡运动方程,有必要对气泡在各种流场中的受力的数量级进行分析。以各种力与黏性阻力之比值进行分析可知,当雷诺数较小时,小气泡的压力梯度力可忽略,不过当气泡的尺寸增大时,压力梯度力明显增大。当流场中的速度梯度较小时,Magus 升力和 Saffman 升力也可以忽略。即在流动的主流区,可以主要考虑黏性阻力、虚拟质量力、Basset 力和压力梯度力;在边界层中,或在速度梯度较大的流场中,还必须考虑 Magus 升力和 Saffman 升力。这样当考察小气泡在流动的主流区运动时,则有

$$m_b \frac{\mathrm{d}v_b}{\mathrm{d}t} = F_D + F_{vm} + F_B + F_p \tag{2.34}$$

从而可得气泡上浮的运动加速度为

$$\frac{\mathrm{d}v_b}{\mathrm{d}t} = -C_D \frac{3(v_b^2 - v_1^2)}{8r} - K_m \cdot \frac{2}{3}\pi r^3 \rho_1 \left(\frac{\mathrm{d}v_1}{\mathrm{d}t} - \frac{\mathrm{d}v_b}{\mathrm{d}t}\right) -$$
$$\frac{9\sqrt{\pi\rho_1 v_1}}{2\pi r \rho_1} \int_{t_0}^{t} \left(\frac{\mathrm{d}v_1}{\mathrm{d}\tau} - \frac{\mathrm{d}v_b}{\mathrm{d}\tau}\right) \frac{\mathrm{d}\tau}{\sqrt{t-\tau}} - \frac{1}{\rho_1} \nabla P \tag{2.35}$$

同时气泡在流场中运动时,由于受到流场中各因素的影响,气泡的大小、形状及泡内的气压将不断变化,即气泡自身还会有径向运动。由于尾流环境的温度一般为常温,这里主要考虑气泡在变压场中和流体可压缩情况下的径向运动方程。

如果考虑表面张力、饱和蒸汽压强和液体黏性等因素的影响,而气泡质量不变,可写出气泡在变压场中的径向运动方程:

$$r\ddot{r} + \frac{3}{2}\dot{r} + 4v_1\frac{\dot{r}}{r} + \frac{2\sigma}{\rho_1 r} - \frac{1}{\rho_1}\left(P_0 - P_v + \frac{2\sigma}{r_0}\right)\left(\frac{r_0}{r}\right)^{3\gamma}$$
$$= \frac{1}{4}(\sqrt{v_1^2} - \sqrt{v_b^2})^2 - \frac{1}{\rho_1}(P + P_0) \tag{2.36}$$

式中，γ 为绝热指数；P_v 为饱和蒸汽压。初始条件为压强 $P = P_0$，$r = r_0$，$\dot{r}_{r=r_0} = 0$。

气泡在可压缩流体中的径向运动方程则可写为

$$r^3 \dot{r}^2 \left(1 - \frac{4}{3} \frac{\dot{r}}{C_\infty}\right) - r_0^3 \dot{r}_0 \left(1 - \frac{4}{3} \frac{\dot{r}}{C_\infty}\right) = \frac{2}{3} \frac{P_\infty}{\rho_{f\infty}} (r_0^3 - r^3) + \frac{2}{\rho_{f\infty}} \int_{r_0}^r \left(P + \frac{r\dot{r}}{C_\infty} \frac{\mathrm{d}P}{\mathrm{d}r}\right) r^2 \,\mathrm{d}r$$

$$(2.37)$$

式中，C_∞ 为未扰动液体中的声速；$\rho_{f\infty}$ 为无穷远处液体密度；P_∞ 为无穷远处液体压强。

根据上面对气泡在流场中质心运动和径向运动分析，将式（2.35）至式（2.37）联立起来可以建立气泡在变压场和可压缩流场中的运动控制微分方程，即

$$
\begin{cases}
\dfrac{\mathrm{d}v_b}{\mathrm{d}t} = -C_D \dfrac{3(v_b^2 - v_1^2)}{8r} - K_m \cdot \dfrac{2}{3}\pi r^3 \rho_1 \left(\dfrac{\mathrm{d}v_1}{\mathrm{d}t} - \dfrac{\mathrm{d}v_b}{\mathrm{d}t}\right) - \\[2mm]
\quad \dfrac{9\sqrt{\pi\rho_1 v_1}}{2\pi r \rho_1} \int_{t_0}^t \left(\dfrac{\mathrm{d}v_1}{\mathrm{d}\tau} - \dfrac{\mathrm{d}v_b}{\mathrm{d}\tau}\right) \dfrac{\mathrm{d}\tau}{\sqrt{t - \tau}} - \dfrac{1}{\rho_1} \nabla P \\[2mm]
r\ddot{r} + \dfrac{3}{2}\dot{r} + 4v_1 \dfrac{\dot{r}}{r} + \dfrac{2\sigma}{\rho_1 r} - \dfrac{1}{\rho_1}\left(p_v - p_r + \dfrac{2\sigma}{r_0}\right)\left(\dfrac{r_0}{r}\right)^{3\gamma} = \dfrac{1}{4}(\sqrt{v_1^2} - \\[2mm]
\quad \sqrt{v_b^2})^2 - \dfrac{1}{\rho_1}(p + p_r) \\[2mm]
r^3 \dot{r}^2 \left(1 - \dfrac{4}{3}\dfrac{\dot{r}}{C_\infty}\right) - r_0^3 \dot{r}_0 \left(1 - \dfrac{4}{3}\dfrac{\dot{r}}{C_\infty}\right) = \dfrac{2}{3}\dfrac{P_\infty}{\rho_{f\infty}}(r_0^3 - r^3) + \\[2mm]
\quad \dfrac{2}{\rho_{f\infty}} \int_{r_0}^r \left(P + \dfrac{r\dot{r}}{C_\infty}\dfrac{\mathrm{d}P}{\mathrm{d}r}\right) r^2 \,\mathrm{d}r
\end{cases}
$$

$$(2.38)$$

2.2.2.3　流对单个气泡运动的分析

前面建立了气泡在任意流场中的运动控制方程，取某一个气泡为研究对象，则其在某一特定流场中相对速度 v 可以由前述的模型求出。但由于该控制方程比较复杂，要对其进行数值计算非常麻烦。通常流向流速不随水深变化的均匀流对物体运动的影响，可采用均匀流速与物体运动速度合成的方法进行分析，而非均匀流对物体运动的影响则类似于波浪的影响。

为简单地分析得出流对于气泡运动的影响，做以下分析。忽略气体扩散及非线性效应的影响，气泡的相对速度通过简单的速度合成来求得

$$v_b = v_{b0} + v_l \tag{2.39}$$

即气泡的运动速度 v_b 看成气泡静水中运动速度 v_{b0} 和流体运动速度 v_l 的叠加。进一步分析可知,速度又可以由水平和竖直方向的叠加而成。水平方向来流只影响到气泡的横向速度,进而影响其在水中运动的距离,也就是会影响到尾流的长度和宽度,但并不影响其在水中的存留时间。竖直方向的流会改变气泡速度 v_b 在竖直方向的分量,进而影响到气泡的存留时间,从而也会影响到尾流的长度。尾流的长度也可称为尾流的寿命,而尾流自导鱼雷能否攻击舰船,尾流的长度是一个关键因素,所以不管是横向流还是竖直流都会直接影响尾流的寿命,进而影响到尾流自导鱼雷的发现和命中概率,影响到舰船的安全。

2.2.3　远程尾流区波浪中单个气泡运动研究

海洋环境中波浪的存在极为普遍,如风吹海面形成的风浪、海水潮汐涨落的潮波、舰船运动产生的船波等。因此对于远程尾流区的气泡,研究波浪对气泡运动的影响十分必要。采用一些假定,使气泡在波浪中的运动方程得到简化,从而避免研究过程中过于复杂的计算,也不需要大型的数值模拟,而只需做一些简单的数值计算。本节首先通过分析得出气泡在波浪中运动的方程,然后根据数值计算的结果做一些分析,讨论波浪场对气泡运动速度、运动轨迹的影响。

2.2.3.1　波浪中单个气泡运动分析

假设尾流中大量气泡的半径都很小,气泡的非对称变形可以忽略,认为气泡是球形的。对于气泡周围的流体,假设其不可压缩,且运动是无旋的。由于尾流环境中的波浪波长远大于气泡直径,且气泡数密度较小,因此气泡的存在对波浪的影响忽略不计。气泡在波浪场中可以当作质点处理,其在波浪中运动的速度势 φ 可以认为是波浪的速度势 φ_w 和气泡本身的速度势 φ_b 的叠加,即

$$\varphi = \varphi_w + \varphi_b \tag{2.40}$$

φ_b 满足的基本方程组和边界条件为

$$\nabla^2 \varphi_b = 0 \tag{2.41}$$

在气液界面上:

$$\frac{\partial \varphi_b}{\partial n} = v_b \cdot n + \frac{\mathrm{d}R}{\mathrm{d}t} \tag{2.42}$$

无穷远处:

$$\nabla \varphi_b = 0 \tag{2.43}$$

式中，v_b 为气泡速度；R 为气泡半径。初始条件为：$t=0$，$v_b=\nabla \varphi_b=0$，所以 $\varphi_b = \mathrm{cons}\, t = C_0$，由于 C_0 的大小并不影响求解，可以取为零。而 v_b 为气泡相对运动速度，$v_b = v - \nabla \varphi_w$。

假设气泡离自由面较远，忽略自由面对气泡运动的影响。且流体不可压，扰动传播速度为无穷大，则 φ_b 的解可以近似地用以气泡球心为原点的球坐标来表示。

$$\varphi_b = -\frac{v_b R^3 \cos\theta}{2r^2} - \frac{R^2 \dot{R}}{r} \tag{2.44}$$

由于该坐标是运动的，应用关于动坐标系下的柯西-拉格朗日积分，得

$$P_\omega = P_w - \rho_1 \left[\frac{\partial \varphi_b}{\partial t} + \nabla \varphi_b \left(\frac{\nabla \varphi_b}{2} - v_b \right) \right]_{bs} \tag{2.45}$$

式中，P_ω 代表重力和波浪共同引起的压力，$P_\omega = P_a - \rho_1 \left[\frac{\partial \varphi_w}{\partial t} + \frac{1}{2} (\nabla \varphi_b)^2 + gz \right]_{bc}$；下标 bs、bc 分别表示气泡的表面和中心；$P_a$ 为自由面的大气压力值；ρ_1 为流体的密度。以 P_g 表示气泡内部的压力，以 P_z 表示外部流体作用在气泡表面的平均压力。那么根据气泡内外压力平衡条件可得气泡半径变化方程为

$$p_g = p_z + 2\sigma/R \tag{2.46}$$

式中，σ 是海水的表面张力。

把式（2.44）、式（2.45）代入式（2.46），有

$$R \frac{d^2 R}{dt^2} + \frac{3}{2} \left(\frac{dR}{dt} \right)^2 - \frac{v_b^2}{4} = \frac{1}{\rho_1} \left(P_g - P_\omega - \frac{2\sigma}{R} \right) \tag{2.47}$$

这里的 P_ω 代表了重力和波浪共同作用产生的压力，考虑绝热过程，$P_g = P_0 \left(\frac{R_0^{3\gamma}}{R} \right)$，其中 P_0 为 $R=R_0$ 时刻的压力值，γ 为绝热比。气泡平动所满足的方程为

$$\frac{d}{dt}(m_b v_b) + \frac{d}{dt}(m_b \nabla \varphi_w) = -\int Pn \, ds - \frac{1}{2} C_d \rho_1 v_b^2 \pi R^2 + m_b g \tag{2.48}$$

将式（2.44）代入式（2.48），且由于气泡内气体质量 m_b 很小，可忽略含 m_b 的项，整理得：

$$\frac{\mathrm{d}}{\mathrm{d}t}(R^3 v_b) = -2R^3 \nabla P_\omega - \frac{3}{4}C_d v_b^2 R^2 \tag{2.49}$$

用初始的气泡半径 $R(0)$、静止流体中气泡的稳定上升速度 v_{b0}、液体的密度 ρ_1 作为特征长度、速度和密度将方程无量纲化，并将其化为一阶常微分方程组：

$$\begin{cases}
\dfrac{\mathrm{d}^2 R}{\mathrm{d}t^2} = \dfrac{1}{R}\left[P_g - P_\omega - \dfrac{2}{RW} - \dfrac{3}{2}\left(\dfrac{\mathrm{d}R}{\mathrm{d}t}\right)^2 + \dfrac{v_b^2}{4}\right] \\[2mm]
\dfrac{\mathrm{d}v_{bx}}{\mathrm{d}t} = -2\dfrac{\partial P_\omega}{\partial x} - \dfrac{3}{4}\sqrt{v_{bx}^2 + v_{bz}^2}\,\dfrac{v_{bx}C_d}{R} - 3\dfrac{\mathrm{d}R}{\mathrm{d}t}\dfrac{v_{bx}}{R} \\[2mm]
\dfrac{\mathrm{d}v_{bz}}{\mathrm{d}t} = -2\dfrac{\partial P_\omega}{\partial x} - \dfrac{3}{4}\sqrt{v_{bx}^2 + v_{bz}^2}\,\dfrac{v_{bz}C_d}{R} - 3\dfrac{\mathrm{d}R}{\mathrm{d}t}\dfrac{v_{bz}}{R} \\[2mm]
\dfrac{\mathrm{d}X}{\mathrm{d}t} = v_x = v_{bx} + \dfrac{\partial \varphi_\omega}{\partial X} \\[2mm]
\dfrac{\mathrm{d}Z}{\mathrm{d}t} = v_z = v_{bx} + \dfrac{\partial \varphi_\omega}{\partial Z}
\end{cases} \tag{2.50}$$

2.2.3.2　波浪对气泡运动的影响

用龙格-库塔法求解式（2.50），其初值取为 $R(0) = 1$，$\dot{R}(0) = \dot{R}_0$，$U_{bx}(0) = U_{bz}(0) = 0$，$X(0) = 0$，$Z(0) = Z_0$，为了计算简单波浪取深水波，其速度势为

$$\varphi_w = \varphi_0 \mathrm{e}^{kz}\cos(kx - \omega t + \theta_0) \tag{2.51}$$

通过计算可知，当气泡直径很小时，由于上升速度很小，可以认为波浪场中的气泡运动是波浪诱导运动和气泡稳定上升运动的叠加。但当气泡直径较大时，由于上升速度较大，非线性效应就体现出来了。为此引进一个量 $\varepsilon = |v_b - v_d|/v_d$，其中 v_b 为气泡运动速度，而 $v_d = v_T + \nabla\varphi_w$，$v_T$ 是气泡稳定上升速度。根据计算结果绘出 ε 随 t 的变化的规律，如图 2.5 所示。由图中可以看出，ε 呈周期变化，且随着时间的增加而增加。半径为 0.2 mm 的气泡 ε 很小，可以忽略；而半径为 0.5 mm 的气泡在 t 很小时，

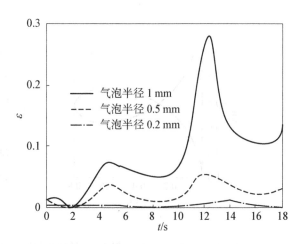

图 2.5　波浪对气泡运动速度的影响

ε 也较小,在 0.05 以下,粗略一点也可以忽略,当 t 较大时,需要考虑非线性的耦合效应;但当气泡半径为 1 mm 时,非线性的耦合效应已经不能忽略,即波浪对气泡运动的非线性影响已经不能忽略了。

在波浪中,即使不计气泡自身形状变化而产生的运动轨迹变化,由于受波浪的影响,其运动路径也不一定为直线。按照气泡半径的大小,在波浪中运动气泡的轨迹即可分为 4 种。①当气泡半径很大时,上升速度快,且气泡在水下不深处,在 1/4 波浪周期内气泡就上升到水面,其轨迹是一条单调上升的曲线,如图 2.6(a)所示。②当气泡半径较大时,气泡上升速度大于波浪诱导速度,但若在 1/4 波浪周期内不能上升到水面,其轨迹呈现一种类似于正弦曲线的形状,如图 2.6(b)所示。③当气泡半径较小,气泡上升速度小于波浪诱导速度,若在 1/4 波浪周期内不能上升到水面,其轨迹会往下形成一个圈,而后再上升,如图 2.6(c)所示。④当气泡半径很小时,气泡上升速度比波浪诱导速度小很多,这时气泡的运动轨迹就会是螺旋线,如图 2.6(d)所示。

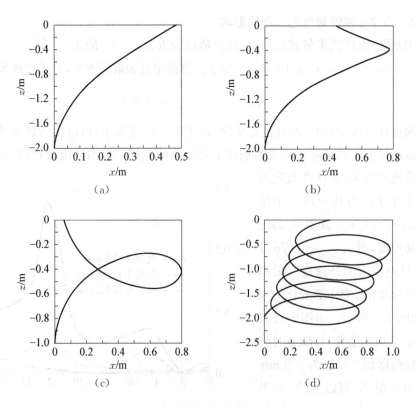

图 2.6　波浪中气泡运动轨迹

2.2.4　远程尾流气泡半径变化规律研究

水面舰船尾流中的气泡主要通过两种方式形成：一是航行时产生气泡；二是使海洋的背景气泡重新分布。先期研究已经证实尾流中的气泡除数密度比海洋背景中的气泡数密度高些外，气泡的大小和分布与海洋背景中相似。1999 年 Carrica 等研究发现，舰船尾流中气泡的尺寸主要集中在 $1\,000\,\mu m$ 以下，在远程尾流中，气泡的尺寸分布在 $10\sim300\,\mu m$ 之间。在此主要研究了远程尾流气泡的半径随其所处深度变化的规律。

1）远程尾流气泡半径变化规律模型

远程尾流区气泡对尾流自导鱼雷制导有重要价值，是主要的研究对象。在远程尾流区内，任意两个气泡之间的距离相对其半径较大，不考虑气泡之间的相互作用。

由于远程尾流与海洋背景区的速度差非常小，在深度 z 处气泡的外部压力可近似按静止流体的压力分布考虑为

$$p_z = p_0 + \int_0^z \rho_L g \, \mathrm{d}z \tag{2.52}$$

式中，p_0 为海面处大气压力；ρ_L 是海水的密度，近似是深度 z 的线性函数。即

$$\rho_L = \rho_{L,0}(1 + kz) \tag{2.53}$$

式中，k 是与海水密度梯度有关的常数；$\rho_{L,0}$ 是海洋表面水的密度。将式(2.52)代入式(2.53)求得

$$p_z = p_0 + \rho_{L,0}(z + kz^2/2) \tag{2.54}$$

其中任一气泡如图 2.7 所示，并且气泡的运动主要是上浮运动。根据气泡内外力平衡条件可得气泡内部压力 p_g

$$p_g = p_z + 2\sigma/R \tag{2.55}$$

式中，σ 是海水的表面张力（N/m）；R 是气泡的半径（m）。当海面上空气压力为 $p_0 = 1.068 \times 10^5\,Pa$，海水平均温度（13.5℃），海洋表面水密度为 $\rho_{L0} = 999.2\,kg/m^3$，表面张力取值为 $\sigma = 7.38 \times 10^{-2}\,N/m$，与海水密度梯度有关的常数为 $k =$

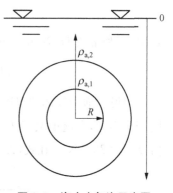

图 2.7　海水中气泡示意图

$0.0041\ \mathrm{m}^{-1}$。

由斐克(Fick)扩散定律可知:气泡中的气体沿径向 r 进入水的扩散质量流密度[$\mathrm{kg/(m^2 \cdot s)}$]为

$$J_{a,r} = -D_{a,L}\frac{\mathrm{d}\rho_a}{\mathrm{d}r} \tag{2.56}$$

式中,ρ_a 是气泡中气体的密度;$D_{a,L}$ 是空气在水中的质量扩散率($\mathrm{m^2/s}$),其值可近似按下式计算:

$$D_{a,L} = \frac{2.256}{p_g}\left(\frac{T_z}{256}\right)^{1.81} \tag{2.57}$$

式中,T_z 表示深度 z 处的水温。

结合图 2.7 所示,沿球坐标系径向 r,气泡中的气体在水中扩散的密度梯度为

$$\frac{\mathrm{d}\rho_a}{\mathrm{d}r} \approx \frac{\rho_{a,2}-\rho_{a,1}}{\Delta r_L} \approx \frac{-\rho_{a,1}}{\Delta r_L} \tag{2.58}$$

式中,Δr_L 表示气泡外海水球壳的厚度;$\rho_{a,1}$ 和 $\rho_{a,2}$ 分别为气泡外海水球壳中内外壁面处气体的密度,其中 $\rho_{a,2} \approx 0$(因为气泡内气体在水中的扩散对 Δr_L 远大于 R 处几乎无影响),而 $\rho_{a,1}$ 为

$$\rho_{a,1} = \frac{p_{a,1}}{R_g T_z} \tag{2.59}$$

式中,R_g 为空气的气体常数;$p_{a,1}$ 为气泡外海水球壳中内壁面处气体的分压力。

由亨利(Henry)定律得气泡外海水球壳中内壁面处气体的容积比为

$$x_a = \frac{p_{a,1}}{H} \tag{2.60}$$

式中,亨利常数 $H(\mathrm{N/m^2})$ 主要与水温 T_z 有关。

$$H = 30\,500 + 710(T_z - 280) \tag{2.61}$$

假设气泡中气体的温度与其外部海水的温度相等,由于海洋浅表面海水的温度变化不大,在这里温度 T_z 近似为一个常量,取为海水表面与水深 $10\ \mathrm{m}$ 内的平均值 $T_z = 286.5\ \mathrm{K}$。 在式(2.60)中 x_a 的值可近似按下式计算:

$$x_a = \frac{1.6 \times 10^{-4}}{(0.1 + 0.007\,9z)^{2.5}(1 + 0.000\,79z)} \tag{2.62}$$

由式(2.60)、式(2.61)得

$$\rho_{a,1} = \frac{Hx_a}{R_g T_z} \qquad (2.63)$$

在气泡上浮的时间 $d\tau$ 内,气泡中气体质量 m_a 的变化为

$$\frac{dm_a}{d\tau} = \frac{d(\rho_a V)}{d\tau} = -J_{a,r} A \qquad (2.64)$$

式中, $A = 4\pi R^2$, $V = 4\pi R^3 / 3$, $d\tau = -dz/v$, 负号表示气泡上浮速度 v 的方向与 z 轴相反。

若忽略海水的垂直温度变化,则在深度 z 处,气泡内部气体的密度为

$$\rho_a = \frac{p_g}{p_0} \rho_{a,0} \qquad (2.65)$$

式中, $\rho_{a,0}$ 是海面上空气的密度。

由于考察的是尾流中的微气泡,所以气泡上浮速度 v 可近似计算得

$$v = \frac{2\rho_L g R^2}{9 u_L} \qquad (2.66)$$

海水的动力黏度系数取为, $u_L = 1.054 \times 10^{-3} \ \text{kg/(m·s)}$。

进一步整理得

$$V \frac{d\rho_a}{dz} + \rho_a \frac{dV}{dz} = \frac{J_{a,r} A}{v} \qquad (2.67)$$

又进一步整理可得

$$\frac{d\rho_a}{dz} = \frac{\rho_{a,0}}{p_0} \left[\rho_{L,0} g (1 + kz) + 2\sigma R^{-2} \frac{dR}{dz} \right] \qquad (2.68)$$

将式(2.68)及相关关系式代入式(2.64),整理得到气泡半径 R 随其深度 z 变化的微分方程(由于该方程涉及数量关系较多,为使表达式简洁,有些关系未完全展开成可直接运算的形式),如下所示:

$$\frac{dR}{dz} = -\frac{R\rho_{a,0}\rho_{L,0} g}{3p_0 \rho_a - \frac{2\rho_{a,0}\sigma}{R}}(1 + kz) + \frac{D_{a,L}\rho_{a,1}}{v\Delta r_L \left(\rho_a - \frac{2\rho_{a,0}\sigma}{3p_0 R}\right)} \qquad (2.69)$$

取海面处空气密度 $\rho_{a,0} = 1.29 \ \text{kg/m}^3$,气泡初始半径 $R_0 = 20 \sim 300 \ \mu\text{m}$,气泡

的初始深度 $z=10\,\mathrm{m}$，分别取气泡外海水球壳的厚度 $\Delta r_\mathrm{L}=1\,\mathrm{m}$、$3\,\mathrm{m}$、$5\,\mathrm{m}$、$10\,\mathrm{m}$，由式(2.69)求得的结果如图 2.8~图 2.11 所示。

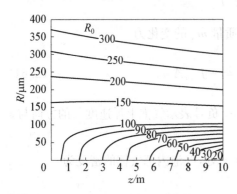

图 2.8　$\Delta r_\mathrm{L}=1\,\mathrm{m}$ 时，气泡半径 R 随深度 z 变化

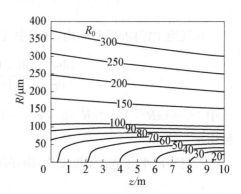

图 2.9　$\Delta r_\mathrm{L}=3\,\mathrm{m}$ 时，气泡半径 R 随深度 z 变化

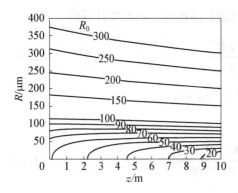

图 2.10　$\Delta r_\mathrm{L}=5\,\mathrm{m}$ 时，气泡半径 R 随深度 z 变化

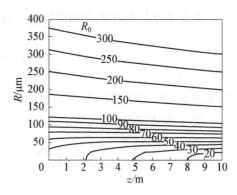

图 2.11　$\Delta r_\mathrm{L}=10\,\mathrm{m}$ 时，气泡半径 R 随深度 z 变化

2) 远程尾流气泡半径变化的影响因素分析

为了更明确地分析气体扩散和海水压力变化对气泡半径的影响，进一步探讨，由式(2.69)可得气泡内部气体通过扩散和海水压力变化对气泡半径的影响分别如下。

气体扩散的影响：

$$\left.\frac{\mathrm{d}R}{\mathrm{d}z}\right|_D=\frac{D_{\mathrm{a,L}}\rho_{\mathrm{a,1}}}{v\Delta r_\mathrm{L}\left(\rho_\mathrm{a}-\dfrac{2\rho_{\mathrm{a,0}}\sigma}{3p_0R}\right)} \tag{2.70}$$

压力变化的影响：

$$\frac{\mathrm{d}R}{\mathrm{d}z}\bigg|_P = \frac{R\rho_{a,0}\rho_{L,0}g}{3p_0\rho_a - \dfrac{2\rho_{a,0}\sigma}{R}}(1+kz) \tag{2.71}$$

取气泡外海水球壳的厚度 $\Delta r_L = 5\,\mathrm{m}$，由式（2.70）、式（2.71）求得的结果如图 2.12、图 2.13 所示。

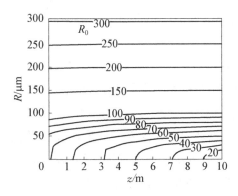

图 2.12　气体扩散对气泡半径的影响　　　　图 2.13　海水压力变化对气泡半径的影响

由图 2.12、图 2.13 可知，对于初始半径 R_0 较大的气泡，海水压力对气泡半径的影响较大，随深度降低，压力减小，气泡的半径增大，而气体扩散对气泡半径没有显著影响；对于初始半径 R_0 较小的气泡，气泡中气体扩散对气泡半径的影响较大，气泡半径随深度降低而减小，而海水压力对气泡半径没有显著影响。然而，从图 2.12、图 2.13 看，在气体扩散和海水压力的综合作用下，对于初始半径 $R_0 = 70\sim100\,\mu\mathrm{m}$ 的气泡，因为海水压力降低所引起的气泡半径增加量与气体扩散所引起的气泡半径减小量在数值上几乎相等，所以这些气泡的半径几乎不随深度变化。从而在水面舰船尾流中半径为 $70\sim100\,\mu\mathrm{m}$ 的气泡数密度最高。

2.3　舰船近程尾流场气泡运动规律

与远程尾流区不同，在近程尾流区，气泡的数密度较大，螺旋桨搅动形成的湍流是影响气泡运动的重要因素。这种情况下，仅考虑对单个气泡的研究显然是不够的，必须考虑整个气泡群的运动，气泡运动之间的相互影响以及气泡群运动与湍流的相互影响。因此，本章主要研究以下几个问题：首先是气泡群水中运动，分析气泡群受力情况分析和上升速度研究,主要是把气泡群水中运动情况与单个气泡进行对比研究;其次是研究气泡群运动和湍流的相互影响等,即气泡群引发的水中湍流运动及湍流与气泡群运动的相互影响。

2.3.1 气泡群上升运动研究

气泡群的上升运动与单个气泡存在着一些不同:首先,由于近程尾流区中大量气泡的存在会使气泡群中气泡所受阻力发生变化;其次,由于近程尾流区的气泡数密度较大,气泡间运动的相互影响也不能忽略。本节将重点研究这两个方面的问题,并与单个气泡上升进行对比研究。

2.3.1.1 气泡群中气泡的阻力及上升速度

在尾流区,由于大量气泡的存在,使得气泡群中气泡所受的阻力与单个气泡有所不同。在满足以下假定的条件下:①气泡的流动为无旋流;②气泡均为半径 a 的球形,并均匀分布在液体中,将外部绕流也看成是为半径为 b 的球形,气泡即位于每个液体球的中心,显然系统中的含气率 $\varphi = a^3/b^3$;③两个气泡之间的液体运动与两个同心球之间的液体运动是等效的。则气泡群中气泡所受的阻力 F_D 与单个气泡所受阻力 F_{D0} 的关系为

$$F_D = F_{D0} \frac{1 - \varphi^{5/3}}{(1-\varphi)^2} \tag{2.72}$$

对于静止流体中运动的气泡来说可以不考虑气泡的加速过程,而认为气泡运动时只受到浮力与黏性阻力的影响;且气泡运动达到平衡后,稳定上升速度也可由浮力与黏性阻力的平衡而求得,即

$$F_f = F_D \tag{2.73}$$

得

$$v_T^2 = \frac{4dg}{3C_D} \frac{(1-\varphi)^2}{1-\varphi^{5/3}} \tag{2.74}$$

或

$$v_T = v_{T0} \frac{1-\varphi}{\sqrt{1-\varphi^{5/3}}} \tag{2.75}$$

随着含气率的变化,气泡群与单个气泡速度之比如图 2.14 所示。由图 2.14 可以看出,气泡群中气泡上升速度与单个气泡上升速度之比会随着含气率的增大

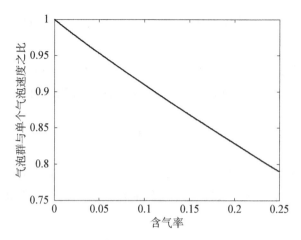

图 2.14　气泡群中气泡上升速度随含气率变化情况

而降低。而由于水面舰船尾流中含气率都比较低,因而可以看出气泡群与单个气泡的速度之比与含气率近似呈线性变化关系。

2.3.1.2　气泡运动的相互影响研究

气泡群的上升运动与单个气泡存在明显不同,气泡间会相互影响。在水平方向上,各气泡间的相互作用效果并不明显;但在竖直方向上,前面气泡运动产生的尾迹是影响后一气泡的主要因素之一。因为气泡在运动时,会在其后端形成一个小尾迹,对后面运动的气泡存在加速效应,使之最后与前一气泡合并或超过前一气泡。因此串行上升的气泡是气泡群上升的一个特殊但典型的例子。为便于研究,以串行气泡的水中上升运动来代替气泡群运动的研究,并比较串行气泡与单个气泡受力及运动速度的情况。

1) 串行气泡受力分析

气泡串上升过程中,前一气泡会在其后形成一个尾流区,带动其后尾随的气泡的运动,以两个气泡的运动为例分析,后一气泡相当于在前一气泡形成的流场中运动。为分析和计算的简便,特作以下假设:①设气泡没有变形,均为球形;②两气泡大小一致,直径均为 d;③气泡后形成的尾流为稳定的轴对称的层流;④单考虑气泡间的影响,所以设周围流场静止,流速为零;⑤只考虑前一气泡对后一气泡的影响,忽略后一个气泡对前一个气泡的影响;⑥系统含气率很低,计算时忽略其影响。

由前述气泡在流场中的运动分析可知,气泡的运动方程可写为

$$m_b \frac{dv_b}{dt} = F_f + F_D + F_p + F_{vm} + F_B \tag{2.76}$$

　　上式右边的五个变量分别代表浮力、黏滞阻力、压力梯度力、附加质量力和 Basset 力。

　　设 x 轴的方向垂直向上,考察两个成串上升的气泡,尾随气泡所处位置的流速可以看成是其前表面处的平均径向流速 $\bar{v}$,因此其所受阻力可写为

$$F_{\mathrm{D}} = -\frac{\pi}{8} C_{\mathrm{D}} \rho_{1} d^{2} (\bar{v} - v_{\mathrm{b}})^{2} \tag{2.77}$$

式中,C_{D} 和 v_{b} 分别代表相互作用的尾随气泡的阻力系数和上升速度,阻力负号表示方向与 x 轴正方向相反。如果是单个气泡在流速为 v_0 的均匀流中的运动,则阻力为

$$F_{\mathrm{D0}} = -\frac{\pi}{8} C_{\mathrm{D0}} \rho_{1} d^{2} (v_{0} - v_{\mathrm{b0}})^{2} \tag{2.78}$$

式中,C_{D0} 和 v_{b0} 分别代表单个气泡的阻力系数和上升速度。所以二者的阻力之比为

$$\frac{F_{\mathrm{d}}}{F_{\mathrm{d0}}} = \frac{C_{\mathrm{D}}}{C_{\mathrm{D0}}} \left(\frac{\bar{v} - v_{\mathrm{b}}}{v_{0} - v_{\mathrm{b0}}} \right)^{2} \tag{2.79}$$

　　粒子在流场中运动时,尾随气泡和单个气泡阻力系数之比 $C_{\mathrm{D}}/C_{\mathrm{D0}}$ 等于单个气泡和尾随气泡的雷诺数之比,现将其扩展到气泡的流体中运动。即

$$\frac{C_{\mathrm{D}}}{C_{\mathrm{D0}}} = \frac{\mathrm{Re}_{0}}{\mathrm{Re}_{1}} = \frac{v_{0} - v_{\mathrm{b0}}}{\bar{v} - v_{\mathrm{b}}} \tag{2.80}$$

式中,Re_{0} 和 Re_{1} 分别为单个气泡和尾随气泡的雷诺数。

　　将式(2.80)代入式(2.79)得

$$\frac{F_{\mathrm{d}}}{F_{\mathrm{d0}}} = \frac{\bar{v} - v_{\mathrm{b}}}{v_{0} - v_{\mathrm{b0}}} \tag{2.81}$$

或

$$\frac{F_{\mathrm{d}}}{F_{\mathrm{d0}}} = \frac{\bar{v} - v_{\mathrm{b0}}}{v_{0} - v_{\mathrm{b0}}} + \frac{v_{\mathrm{b0}} - v_{\mathrm{b}}}{v_{0} - v_{\mathrm{b0}}} \tag{2.82}$$

　　前面已经假设流速为零,即 $v_0 = 0$。将无量纲形式的平均流速分布代入得

$$\frac{F_{\mathrm{d}}}{F_{\mathrm{d0}}} = \frac{v_{\mathrm{b}}}{v_{\mathrm{b0}}} - \frac{C_{\mathrm{D0}}}{2} \left[1 - \exp\left(-\frac{\mathrm{Re}_{0} d}{16x} \right) \right] \tag{2.83}$$

式中，$\mathrm{Re}_0 = \rho_1 v_{b0} d / \mu$，$\mu$ 是流体的黏度系数，x 代表前一个气泡的下表面和前一个气泡的上表面的距离。

由前面的分析可知，球形气泡的浮力、压力梯度力、附加质量力和 Basset 力可分别表示为

$$F_f = \frac{1}{6} \pi d^3 (\rho_1 - \rho_b) g \approx \frac{1}{6} \pi d^3 \rho_1 g \tag{2.84}$$

$$F_p = -\frac{\pi}{6} d^3 \Delta p \tag{2.85}$$

$$F_{vm} = \frac{\pi}{12} d^3 \rho_1 \frac{\mathrm{d}}{\mathrm{d}t}(v - v_b) \tag{2.86}$$

$$F_B = \frac{3}{2} d^2 \sqrt{\pi \rho_1 \mu} \int_{t_0}^{t} \frac{d(v - v_b)/\mathrm{d}\tau}{\sqrt{t - \tau}} \mathrm{d}\tau \tag{2.87}$$

在静止的流体中，$\mathrm{d}v/\mathrm{d}t = 0$，假定尾随气泡位于前一尾流区较远的位置，在这一区域压力梯度可以忽略不计，从而有 $F_p = -\frac{\pi}{6} d^3 \Delta p = 0$，而

$$F_{vm} = -\frac{\pi}{12} d^3 \rho_1 \frac{\mathrm{d}v_b}{\mathrm{d}t} \tag{2.88}$$

$$F_B = -\frac{3}{2} d^2 \sqrt{\pi \rho_1 \mu} \int_{t_0}^{t} \frac{\mathrm{d}v_b/\mathrm{d}\tau}{\sqrt{t - \tau}} \mathrm{d}\tau \tag{2.89}$$

从而可写为

$$\frac{\pi}{12} d^3 \rho_1 \frac{\mathrm{d}v_b}{\mathrm{d}t} = \frac{\pi}{6} d^3 \rho_1 g + \left\{ \frac{v_b}{v_{b0}} - \frac{C_{D0}}{2} \left[1 - \exp\left(-\frac{\mathrm{Re}_0 d}{16x}\right) \right] \right\} F_{d0} - $$
$$\frac{3}{2} d^2 \sqrt{\pi \rho_1 \mu} \int_{t_0}^{t} \frac{\mathrm{d}v_b/\mathrm{d}\tau}{\sqrt{t - \tau}} \mathrm{d}\tau \tag{2.90}$$

而单个气泡运动处于平衡状态时有

$$F_{d0} = -\frac{1}{6} \pi d^3 \rho_1 g \tag{2.91}$$

得

$$\frac{dv_b}{dt} = 2g\left\{1 - \frac{v_b}{v_{b0}} + \frac{C_{D0}}{2}\left[1 - \exp\left(-\frac{Re_0 d}{16x}\right)\right]\right\} - \frac{18}{d}\sqrt{\frac{v}{\pi\rho_1}}\int_{t_0}^{t}\frac{dv_b/d\tau}{\sqrt{t-\tau}}d\tau$$

$$(2.92)$$

2) 串行气泡上升速度模型

前面已经得出相互影响的串行气泡水中运动的解析式，在该式的基础上做一些假设就可以得到描述上升速度的数学模型。为便于分析和比较串行气泡与单个气泡上升速度的差异，引入以下无量纲数：

$$v_b^* = \frac{v_b}{v_{b0}}, \ t^* = \frac{tv_{b0}}{d}, \ \tau^* = \frac{\tau v_{b0}}{d}, \ x^* = \frac{x}{d} \tag{2.93}$$

从而，式(2.93)可写为

$$\frac{dv_b^*}{dt^*} = \frac{2gd}{v_{b0}^2}\left\{1 - v_b^* + \frac{C_{D0}}{2}\left[1 - \exp\left(-\frac{Re_0}{16x^*}\right)\right]\right\} - \frac{18}{\sqrt{\pi\rho_1 Re_0}}\int_{t_0^*}^{t^*}\frac{dv_b^*/d\tau^*}{\sqrt{t^*-\tau^*}}d\tau^*$$

$$(2.94)$$

即

$$v_b^*\frac{dv_b^*}{dx^*} = \frac{2gd}{v_{b0}^2}\left\{1 - v_b^* + \frac{C_{D0}}{2}\left[1 - \exp\left(-\frac{Re_0}{16x^*}\right)\right]\right\} - \frac{18}{\sqrt{\pi\rho_1 Re_0}}\int_{t_0^*}^{t^*}\frac{dv_b^*/d\tau^*}{\sqrt{t^*-\tau^*}}d\tau^*$$

$$(2.95)$$

满足边界条件：当 $x^* \rightarrow \infty$ 时，$v_b^* = 1$，$dv_b^*/dx^* = 0$。使用有限差分方法对上式进行数值计算，对上式左边使用如下的一阶差分式进行离散：

$$\left(\frac{dv_b^*}{dx^*}\right)_i = \frac{v_{b,i}^* - v_{b,i-1}^*}{x_i^* - x_{i-1}^*} \tag{2.96}$$

对式(2.94)右边的 Basset 力使用欧拉方程进行积分。为避免在 $\tau^* = t_i^*$ 积分时遇到奇点，任意时间间隔内被积函数 $\Delta\tau_k^* (= t_k^* - t_{k-1}^*, \ k = 1, 2, \cdots, i)$ 的值均用 $\tau^* = t_{k-1}^*$ 时刻的值来估算。这样 Basset 力可由下式进行计算：

$$v_{b,i}^*\frac{v_{b,i}^* - v_{b,i-1}^*}{\Delta x_i^*} - \frac{2gd}{v_{b0}^2}v_{b,i}^* = -\frac{2gd}{v_{b0}^2}\left\{1 + \frac{C_{D0}}{2}\left[1 - \exp\left(-\frac{Re_0}{16x^*}\right)\right]\right\} +$$

$$\frac{18}{\sqrt{\pi\rho_1 Re_0}}\int_{t_0^*}^{t^*}\frac{dv_b^*/d\tau^*}{\sqrt{t^*-\tau^*}}d\tau^*$$

$$(2.97)$$

$v_{b,i}^*$ 值可由上式求出，为看得更清楚，把上式写成：

$$v_{b,i}^* = 0.5(\alpha + \sqrt{\alpha^2 - 4\beta})\qquad(2.98)$$

式中，$\alpha = v_{b,i-1}^* + \Delta x_i^* \dfrac{2gd}{v_{b0}^2}$；

$$\beta = \Delta x_i^* \frac{2gd}{v_{b0}^2}\left\{1 + \frac{C_{D0}}{2}\left[1 - \exp\left(-\frac{\mathrm{Re}_0}{16 x^*}\right)\right]\right\} - \Delta x_i^* \frac{18}{\sqrt{\pi \mathrm{Re}_0}} \int_{t_0^*}^{t^*} \frac{\mathrm{d}v_b^*/\mathrm{d}\tau^*}{\sqrt{t^* - \tau^*}}\mathrm{d}\tau^*$$

$$(2.99)$$

3）计算结果及讨论

为验证上述模型，对式（2.99）进行数值求解，为减少一阶差分式和欧拉积分方程带来的误差，计算时尽量选择了足够小的积分时间间隔，使得计算结果与选取的时间间隔无关。而为验证所提出数学模型的有效性，将得到的计算结果与 Katz 等的试验结果进行比较。为便于比较，计算条件与试验条件选取一致，雷诺数分别取 35.4、21.5 和 3.06，球形气泡的直径分别为 475 μm、349 μm 和 158 μm。

图 2.15～图 2.17 中给出了直径分别为 475 μm、349 μm 和 158 μm 的 3 种气泡受前一尾流影响和单个气泡情况下的上升速度之比随气泡距离的变化情况。为了方便比较，将文献中的相应数据也列到图中。图中采用的是积分时间为 0.025 s 的数据。尽管假设的模型忽略了压力梯度力，应该在气泡形成的尾流场较远的位置有效，但仍然把计算结果延伸到压力梯度力通常不可忽略的近程尾流区。

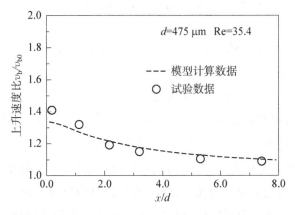

图 2.15　直径为 475 μm 气泡上升速度比随距离变化

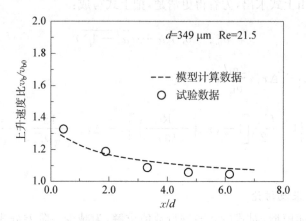

图 2.16　直径为 349 μm 气泡上升速度比随距离变化

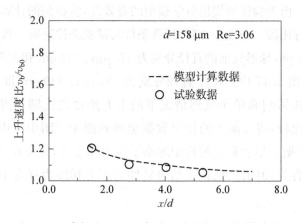

图 2.17　直径为 158 μm 气泡上升速度比随距离变化

从图上可以看出,模型的计算结果给出了尾随气泡的运动速度随气泡分离距离变化的总体趋势,即上升速度随分离距离的缩小而增大,且在整个尾流区尾随气泡的速度总是大于单个气泡的运动速度,气泡直径越大这种趋势越为明显。同时也可以看出,所得模型的计算结果与试验结果吻合得非常好。即便在已经超出模型假定的气泡近尾流区,其与试验结果仍然保持得相当一致。

图 2.18 画出了半径为 349 μm 的尾随气泡的黏性阻力、附加质量力和 Basset 力随气泡距离的变化情况。为便于比较,图中各力均与同半径的单个气泡的黏性阻力进行了无量纲化。由图中可以看出,黏性阻力随着距离的减小而减小,而附加质量力和 Basset 力则随着距离的减小而增大。

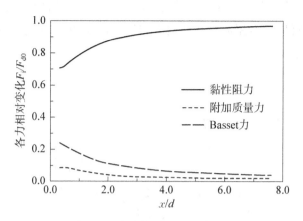

图 2.18　各力相对量随距离变化

2.3.2　气泡群与湍流相互作用研究

在水面舰船的近程尾流区存在着急剧的湍流,极大地影响了气泡的运动,即湍流是近程尾流区影响气泡运动的主要因素之一。而湍流自身的形成其实除了螺旋桨的搅动外,气泡群的运动也会引发湍流、导致湍流性质的变化。本节将主要探讨气泡运动与湍流之间的相互影响。

2.3.2.1　气泡运动形成湍流研究

在尾流的近程尾流区,导致湍流产生的原因比较复杂,最主要的原因是舰船螺旋桨的高速旋转,同时这也是导致湍流性质改变的最主要原因。但是水中运动的气泡也会导致湍流的产生,而且在气泡数密度较高的近程尾流区这种效应不可忽视。

为便于分析,现将气泡在流体中的运动等效成流体以某一流速 v_0 绕过一固定物体流动。由于流经气泡前后的流体的速度不同,这种速度的不连续将导致流动的不稳定。而由于流体的黏性,这种速度的不连续分布会随着距离的增加而逐渐变得光滑,如图 2.19 所示。由流体力学的知识可知,这样将导致黏性流体绕物体流动时会在物体后出现边界层分离,产生尾流区,且尾流区的半宽度 b 会随着 x 的增加而增加,如图 2.20 所示。尾流区的流动性质随雷诺数的变化而有所不同:当雷诺数很小时为层流尾流,随着雷诺数的增加会在球体表面产生边界层,边界层的分离是在球体表面后侧产生并形成不规则并形成尾流中的卡门涡街;当雷诺数不断增大,尾流中旋涡的形式不规则并破碎,演变成湍流尾流。而绕流物体尾流的流速将小于主流流速,流速减小的原因是绕流气泡的阻力所引起的流体动量亏损。随着尾流向下逐渐扩展,尾流也在横向方向扩展,尾流中流速与主流流速的差别逐渐缩小以至消失。

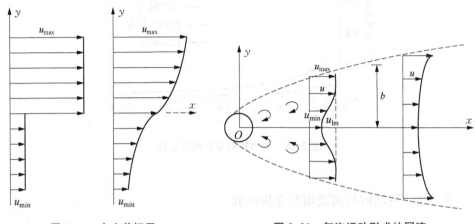

图 2.19　自由剪切层　　　　　　图 2.20　气泡运动形成的尾流

因为在尾流的问题中,剪切力主要是由湍流运动引起的,且垂直于流动方向的速度梯度远小于流动方向的速度梯度,因此具有与边界层流动相似的特点,可以用普朗特边界层微分方程计算。

$$\frac{\partial u}{\partial x}+\frac{\partial v}{\partial y}=0 \tag{2.100}$$

$$u\frac{\partial u}{\partial x}+v\frac{\partial v}{\partial y}=\frac{1}{\rho}\frac{\partial \tau}{\partial y} \tag{2.101}$$

式中,u、v 分别为湍流速度在 x 方向和 y 方向的分量,省略了时均符号;τ 为湍流剪切力。对于湍流剪切力采用混合长理论使之与时均速度联系起来,即

$$\tau=-\rho\overline{u'v'}=\rho l^{2}\left(\frac{\partial u}{\partial y}\right)^{2} \tag{2.102}$$

式中,l 为混合长度,按普朗特混合长理论的观点,它与半宽度 b 有关,在尾流这样的自由湍流中,可假设其与半宽度 b 成正比:

$$l=Kb \tag{2.103}$$

式中,K 为比例常数。

尾流宽度的增长率 $\mathrm{d}b/\mathrm{d}t$ 与垂向脉动速度 v' 成正比:

$$\frac{\mathrm{d}b}{\mathrm{d}t} = \frac{\partial b}{\partial t} + u\frac{\partial b}{\partial x} + v\frac{\partial b}{\partial y} \propto v' \propto l\frac{\partial u}{\partial y} \tag{2.104}$$

对于气泡运动的尾流,半厚度 b 只是 x 的函数而与时间 t 无关,从而式(2.104)可写成:

$$\frac{\mathrm{d}b}{\mathrm{d}t} = u\frac{\partial b}{\partial x} \propto u_{\max}\frac{\mathrm{d}b}{\mathrm{d}x} \tag{2.105}$$

相关研究通过试验发现上升气泡群引发的湍流特性与均匀流场中的湍流性质相似,其脉动速度均方根值、湍动能衰减及自保持性都可以用均匀湍流理论来描述。由于具有自保持性,所以可以假定在尾流的半宽度内,$\partial u/\partial y$ 与 u_{1m}/b 成比例,即

$$\frac{\mathrm{d}b}{\mathrm{d}t} \propto l\frac{\partial u}{\partial y} \propto l\frac{u_{1m}}{b} = Ku_{1m} \tag{2.106}$$

设 $u_1 = u_{\max} - u$,为尾流区流速亏损值,式中 $u_{1m} = u_{\max} - u_{\min}$,为尾流中心线上流速亏损值。由式(2.105)和式(2.106)得

$$u_{\max}\frac{\mathrm{d}b}{\mathrm{d}x} \propto l\frac{u_{1m}}{b} = Ku_{1m} \tag{2.107}$$

即

$$\frac{\mathrm{d}b}{\mathrm{d}x} \propto \frac{l}{b}\frac{u_{1m}}{u_{\max}} = K\frac{u_{1m}}{u_{\max}} \tag{2.108}$$

对于尾流,流体动量亏损是由于绕流气泡的阻力引起的。绕流阻力为

$$D = \rho\int_A u(u_{\max} - u)\mathrm{d}A \tag{2.109}$$

式中,A 为某段尾流的横断面积。若将此横断面取在尾流下游的相当一段距离处,则此处流速和压强已与主流区接近,有

$$D = \rho\int_A u(u_{\max} - u)\mathrm{d}A \approx \rho u_{\max}\int_A u_1\mathrm{d}A \tag{2.110}$$

单位时间内的动量通量:

$$J = D = \rho\int_A u(u_{\max} - u)\mathrm{d}A \approx \rho u_{\max}\int_A u_1\mathrm{d}A \tag{2.111}$$

有

$$J \propto \rho u_{\max} u_{1\mathrm{m}} b^2 \tag{2.112}$$

设气泡的迎流面积为 S，则气泡的绕流阻力 D 又可写为

$$D = \frac{1}{2} C_\mathrm{D} \rho_1 u_{\max}^2 S \tag{2.113}$$

由式(2.112)、式(2.113)有

$$J = \frac{1}{2} C_\mathrm{D} \rho_1 u_{\max}^2 S \propto \rho u_{\max} u_{1\mathrm{m}} b^2 \tag{2.114}$$

有

$$\frac{u_{1\mathrm{m}}}{u_{\max}} \propto \frac{C_\mathrm{D} S}{b^2} \tag{2.115}$$

得

$$b \propto (K C_\mathrm{D} S x)^{1/3} \propto x^{1/3} \tag{2.116}$$

进而可得

$$\frac{u_{1\mathrm{m}}}{u_{\max}} \propto \frac{C_\mathrm{D} S}{(K C_\mathrm{D} S x)^{2/3}} \propto x^{-2/3} \tag{2.117}$$

从而可以得出结论，尾流的宽度与 $x^{1/3}$ 成正比，尾流中心线流速损失与 $x^{-2/3}$ 成正比。

同时气泡群的运动还将导致湍流性质的改变。气泡运动引起液相湍流变化的因素有：气泡运动所产生的尾流；气泡占据的液体空间所引起的动量变化；气液两相流动速度差所引起的气泡阻力；气泡体积或形状变化所引起的湍流耗散。其中前两项将引起湍流增加；后两项会引起湍流减小。

2.3.2.2　气泡在湍流场中运动分析

舰船近程尾流区的运动环境主要是湍流区。由于湍流中无时无刻不存在剧烈的随机涨落，气泡湍流场中运动，其所受的压力、速度等物理量将出现脉动，使得气泡的运动发生很大变化。为了在这种复杂的情况下研究气泡的运动，必须根据湍流场的湍流特性对气泡的运动做一些修正。以欧拉-欧拉方法描述的双流体模型的出发点是将流体与分散于其中的气泡作为互相渗透的拟流体，针对整个气泡群在近程尾流区的流动：气泡与液体都视为互相穿透的连续介质，在空间某点两种流体各以一定的概率出现，并用气含率和液含率来表征。两种流体都遵循流体 N-S

方程的运动规律,则气液两相流的基本方程主要由连续性方程与动量方程组成。对于任意相而言,则其连续性方程如下:

$$\frac{\partial}{\partial t}(\rho_\alpha r_\alpha) + \frac{\partial}{\partial x_i}(\rho_\alpha r_\alpha v_{\alpha,i}) = (\dot{m}_{\alpha\beta} - \dot{m}_{\beta\alpha}) + r_\alpha s_\alpha \tag{2.118}$$

式中,右端项描述的是由 α 相与 β 相的质量传递及源项,其中下标 α 和 β 分别代表流体相和气体相,v 表示相的速度,ρ 是物质密度,r_α 和 r_β 分别代表 α 相和 β 相的体积分数,对于两相的体积分数显然有

$$r_\alpha + r_\beta = 1 \tag{2.119}$$

若忽略相间质量传递与源项,则

$$\frac{\partial}{\partial t}(\rho_\beta r_\beta) + \frac{\partial}{\partial x_i}(\rho_\beta r_\beta v_{\beta,i}) = 0 \tag{2.120}$$

动量方程可由均匀流的动量方程 N-S 方程考虑附加各相体积分数与相间输运项而得

$$\frac{\partial}{\partial t}(\rho_\alpha r_\alpha v_{\alpha,i}) + \frac{\partial}{\partial x_i}(\rho_\alpha r_\alpha v_{\alpha,i} v_{\alpha,j}) = -r_\alpha \frac{\partial p}{\partial x_i} + \frac{\partial}{\partial x_j} r_\alpha \mu_{\alpha,e}\left(\frac{\partial v_{\alpha,i}}{\partial x_j} + \frac{\partial v_{\alpha,j}}{\partial x_i}\right) +$$
$$\rho_\alpha r_\alpha g_i + F_{\alpha,i} \tag{2.121}$$

方程右端描述了所有作用在控制体上 α 相流体上的力,总压力项、黏性力项、重力与相间相互作用力项 $F_{\alpha,i}$。如果只考虑阻力的影响,则可根据 Clift 等所得的公式:

$$F_{\alpha,i} = \frac{3}{4}C_D r_\alpha \rho_\alpha \frac{1}{d_b} |v_1 - v_\alpha|(v_1 - v_\alpha) \tag{2.122}$$

式中,阻力系数 C_D 为黏性系数;d_b 为气泡直径;$v_1 - v_\alpha$ 为气泡相对于流体的速度,v_1 为流体的速度。

对于连续相可用单相标准湍流模型 $\kappa-\varepsilon$ 模型来模拟气液两相流中连续相的湍流现象,其湍流动能 κ 和湍能耗散率 ε 方程如下:

$$\frac{\partial}{\partial t}(\rho_\alpha r_\alpha \kappa_\alpha) + \frac{\partial}{\partial x_i}(\rho_\alpha r_\alpha v_{\alpha,i}\kappa_\alpha) - \frac{\partial}{\partial x_i}\left(r_\alpha \mu_{\alpha,e}\frac{\partial \kappa_\alpha}{\partial x_i}\right) = r_\alpha(G_\alpha + \rho_\alpha \varepsilon_\alpha)$$

$$\tag{2.123}$$

$$\frac{\partial}{\partial t}(\rho_\alpha r_\alpha \varepsilon_\alpha) + \frac{\partial}{\partial x_i}(\rho_\alpha r_\alpha v_{\alpha,i} \varepsilon_\alpha) - \frac{\partial}{\partial x_i}\left(r_\alpha \mu_{\alpha,e} \frac{\partial \varepsilon_\alpha}{\partial x_i}\right) = r_\alpha \frac{\varepsilon_\alpha}{\kappa_\alpha}(C_{\varepsilon 1} G_\alpha - C_{\varepsilon 2} \rho_\alpha \varepsilon_\alpha)$$

$$\tag{2.124}$$

式中,G_α 为湍流产生项,而有效黏性系数 $\mu_{\alpha,e} = \mu_\alpha + \dfrac{\mu_{c,t}}{\sigma_k}$,其中湍流黏性项 $\mu_{c,t} = C_\mu \rho_c \dfrac{\kappa_c^2}{\varepsilon_c}$,$\kappa - \varepsilon$ 模型中常数如表 2.1 所示。

表 2.1　$\kappa - \varepsilon$ 模型中常数

C_μ	$C_{\varepsilon 1}$	$C_{\varepsilon 2}$	σ_ε	σ_k	κ
0.09	1.44	1.92	1.0	$\dfrac{\kappa^2}{(C_{\varepsilon 2} - C_{\varepsilon 1})\sqrt{C_\alpha}}$	0.418 7

由气体导致的湍流流动的变化,可以通过改进湍流动能与湍流耗散率产生项 G_α 体现,该项在 $\kappa - \varepsilon$ 方程中描述相互作用。

通过以上的双流体模型和已知的初始条件边界条件即可对方程进行求解,但计算时须充分考虑其与单相流的不同点,首先,各项都有体积分数这一变量;其次,各项本身的湍流运输规律以及相间相互作用规律和相间压力分配与调整。

同时试验研究发现气泡在湍流中运动时容易聚集于湍流旋涡的中心,且聚集在湍流流速向下方向的气泡数量大于聚集在流速向上方向的气泡数量,大量气泡的统计平均速度小于在普通流场中的平均速度。相关的研究通过数值模拟发现,在 4 个不同的采样时间下,湍流中运动的气泡速度均小于在普通流场中运动的气泡,聚集于旋涡流速向下区的气泡数量也总是超过 50%,如表 2.2 所示,表中 $\langle v \rangle_b$ 和 v_T 分别代表湍流和层流中气泡运动速度;N_- 和 N_b 分别代表聚集于旋涡流速向下区的气泡数量和总的气泡数量。从这方面来看,湍流将减小气泡的平均上升速度,增加气泡的水中存留时间,从而延长尾流的寿命。

表 2.2　湍流对气泡运动的影响

采样类型	a	b	c	d
$(\langle v \rangle_b - v_T)/v_T$	-0.72	-0.53	-0.35	-0.21
N_- / N_b	0.58	0.56	0.54	0.53

2.4　本章小结

本章主要是对舰船尾流场的运动规律进行了研究,首先确定了尾流场的特征表示方法,分别对尾流场长度、宽度、厚度、数密度和尺度通用的表征方法进行了明确。然后,对舰船远程尾流场气泡的运动规律进行研究,远程尾流由于受到舰船本身扰动的影响较小,因而主要分析单气泡的运动规律,从静止流体入手,在此基础上,先后对远程尾流区流场的单个气泡和波浪中的单个气泡分别进行研究,得出了尾流气泡的变化规律。随后,对舰船近程尾流场气泡的运动规律进行了分析,主要以气泡群为研究对象,分析了气泡群的上升规律以及与湍流的相互作用。

第 3 章
舰船尾流场声学探测理论研究

舰船尾流场声学探测是目前常用的一种探测手段,同时也是尾流自导鱼雷的一种制导方式,通过对声学探测理论的研究,探明尾流场的声学特征,分析尾流自导鱼雷的声学制导机理,为舰船尾流场的声学制导效能研究奠定基础。

3.1 舰船尾流场声学理论基础

3.1.1 声压微分方程

设体积为 V 的稳定状态下的介质没有受到声波外力作用时,其静压强为 p_0,密度为 ρ,声波传递过程中的速度远快于其中热传递的速度,所以声波传递的过程可看作绝热过程,即

$$\frac{p_0}{\rho^\gamma} = 常数 \tag{3.1}$$

式中,γ 表示比热比,$\gamma = \dfrac{C_p}{C_v}$。

当有声压为 $\mathrm{d}p$ 的声波作用时,介质的压强变为 $p_0 + \mathrm{d}p$,密度变为 $\rho + \mathrm{d}\rho$,则

$$\frac{p_0 + \mathrm{d}p}{(\rho + \mathrm{d}\rho)^\gamma} = 常数 \tag{3.2}$$

由式(3.2)可得

$$\frac{p_0 + \mathrm{d}p}{p_0} = \left(\frac{\rho + \mathrm{d}\rho}{\rho}\right)^\gamma \tag{3.3}$$

式中,$\mathrm{d}p$ 为声压 p。

设介质密度的压缩率为 s，即 $s = \dfrac{\mathrm{d}\rho}{\rho}$，上式可化简为

$$\frac{p_0 + \mathrm{d}p}{p_0} = (1 + s)^\gamma \approx 1 + \gamma s \tag{3.4}$$

由式(3.3)可得声压 $\mathrm{d}p$ 和 p_0 之间的关系为

$$\mathrm{d}p = p = \gamma s p_0 \tag{3.5}$$

设受到声波外力作用的介质其单位质量的体积为 V，且过程视为绝热过程，则

$$p_0 V^\gamma = 常数 \tag{3.6}$$

对上式进行微分，则压力变化为

$$\frac{\mathrm{d}p}{p_0} = -\gamma \frac{\mathrm{d}V}{V} \tag{3.7}$$

令

$$\mathrm{d}V = v \tag{3.8}$$

得

$$\frac{p}{p_0} = -\gamma \frac{v}{V} \tag{3.9}$$

将上式对时间进行偏微分，得瞬时声压为

$$\frac{\partial p}{\partial t} = -\gamma \frac{p_0}{V} \cdot \frac{\partial v}{\partial t} \tag{3.10}$$

设声波沿 x 方向传播，在位置 x 时，波面向前的位移为 ξ，在位置 $x + \Delta x$ 时，波面向前的位移为 $\xi + \Delta \xi$，若无声波作用，介质的微小体积为 Δx 乘以单位体积 $1V$，因此，受声波作用引起介质的体积变化为 v，即

$$v = \xi + \frac{\partial \xi}{\partial x} \Delta x - \xi = \frac{\partial \xi}{\partial x} V \tag{3.11}$$

令 $\dfrac{\partial \xi}{\partial t} = u(t)$，其中 $u(t)$ 为介质中质点的运动速度，表示其受声波作用时振动的速度，将式(3.10)分别对 x 和时间 t 作偏微分，得

$$\frac{\partial \xi}{\partial t \partial x} = \frac{\partial u(t)}{\partial x} \tag{3.12}$$

$$\frac{\partial v}{\partial t} = \frac{\partial \xi}{\partial x \cdot \partial t} V \tag{3.13}$$

将式(3.11)代入式(3.12),得

$$\frac{\partial v}{\partial t} = \frac{\partial u(t)}{\partial x} \cdot V \tag{3.14}$$

由式(3.9),式(3.13)可化为

$$\frac{\partial p}{\partial t} = -\gamma p_0 \frac{\partial u(t)}{\partial x} \tag{3.15}$$

式(3.14)即为瞬时声压微分方程。

3.1.2　声波的运动方程

当介质受到声波外力的作用时,其体积 V 被压缩了 $|\mathrm{d}V|$ 的体积,声压 p 和体积压缩率 $-\dfrac{\mathrm{d}V}{V}$ 之比称为体积弹性模量,其量纲与声压相同,即

$$\frac{p}{-\dfrac{\mathrm{d}V}{V}} = K \tag{3.16}$$

其中 $-\dfrac{\mathrm{d}V}{V} \approx s$, 得

$$K = \frac{\gamma \cdot s \cdot p_0}{s} = \gamma \cdot p_0 \tag{3.17}$$

当声波沿着 x 方向传播时,若设以垂直于前进方向的面为单位面积,前进 Δx 距离,其微小体积则为 Δx 单位面积,此过程密度可视为不变,则微小体积可用平均质量 $\rho \Delta x$ 表示。若位置 x 处的声压为 p, 位置 $x + \Delta x$ 处的声压为 $p + \Delta p$, 则微小体积介质在 x 处受到压力 p 的作用,在 $x + \Delta x$ 处受到压力 $p + \Delta p$ 的作用,但方向和 x 方向相反,则

$$p + \Delta p = p + \frac{\partial p}{\partial x} \cdot \Delta x \tag{3.18}$$

微小体积上 x 方向上的力为

$$p - \left[p + \frac{\partial p}{\partial x} \cdot \Delta x \right] = p - p - \frac{\partial p}{\partial x} \cdot \Delta x = -\frac{\partial p}{\partial x} \cdot \Delta x \tag{3.19}$$

由此引起的位移是 ξ，则加速度为 $\dfrac{\partial^2 \xi}{\partial t^2}$，在位置 $x + \Delta x$ 处，由牛顿第二定律可知上述力为

$$-\frac{\partial p}{\partial x} \cdot \Delta x = \rho \cdot \Delta x \cdot \frac{\partial^2 \xi}{\partial t^2} \Rightarrow \frac{\partial^2 \xi}{\partial t^2} = -\frac{1}{\rho} \frac{\partial p}{\partial x} \tag{3.20}$$

得

$$p = -K \frac{\partial \xi}{\partial x} \tag{3.21}$$

将上式对 x 进行偏微分，得

$$\frac{\partial p}{\partial x} = -K \frac{\partial^2 \xi}{\partial x^2} \tag{3.22}$$

得

$$\frac{\partial^2 \xi}{\partial t^2} = \frac{K}{\rho} \frac{\partial^2 \xi}{\partial x^2} \tag{3.23}$$

在位置 x 处，质点的速度为

$$\frac{\partial \xi}{\partial t} = \frac{\partial \xi}{\partial x} \frac{\partial x}{\partial t} \tag{3.24}$$

若设 $\dfrac{\partial x}{\partial t} = c$，$c$ 为介质中声波的传播速度，得

$$\frac{\partial^2 \xi}{\partial t^2} = c^2 \frac{\partial^2 \xi}{\partial x^2} \tag{3.25}$$

$$\frac{\partial^2 u(t)}{\partial t^2} = c^2 \frac{\partial^2 u(t)}{\partial x^2} \tag{3.26}$$

$$\frac{\partial^2 p}{\partial t^2} = c^2 \frac{\partial^2 p}{\partial x^2} \tag{3.27}$$

即为平面波情况下声波的运动方程。

此外，联立式(3.21)至式(3.27)得

$$p = -K \frac{\partial \xi}{\partial x} = -K \cdot \frac{\frac{\partial \xi}{\partial t}}{c} \tag{3.28}$$

$$K = \rho c^2 \tag{3.29}$$

$$p = -\rho c \frac{\partial \xi}{\partial t} \tag{3.30}$$

式中，$\frac{\partial \xi}{\partial t} = u(t)$，为质点振动速度，仅作关系说明，不考虑正负号，则

$$u(t) = \frac{p}{\rho c} (\mathrm{m/s}) \tag{3.31}$$

3.1.3 声波的函数表达

1) 平面波的函数表达

对于平面声波，它只在一个方向传播，因此，其波动方程可化为

$$\frac{\partial^2 p}{\partial x^2} = \frac{1}{c^2} \cdot \frac{\partial^2 p}{\partial t^2} \tag{3.32}$$

通过分离变量法进行求解，得

$$p(x, t) = (A \mathrm{e}^{\mathrm{j}kx} + B \mathrm{e}^{-\mathrm{j}kx}) \mathrm{e}^{-\mathrm{j}\omega t} \tag{3.33}$$

式中，ω 为角频率，$\omega = 2\pi f$；f 为声波频率；k 为角波数，$k = \frac{\omega}{c} = \frac{2\pi}{\lambda}$；$\lambda$ 为声波波长。

其中 $A\mathrm{e}^{\mathrm{j}kx}$ 代表沿 x 轴正方向传播的波，$B\mathrm{e}^{-\mathrm{j}kx}$ 代表沿 x 轴负方向传播的波，A、B 为与声源振动幅值相关的常数，如果声波在无限介质中传播，声场中没有反射波，即声波仅沿 x 轴方向传播，则式(3.33)可改写为

$$p(x, t) = P_A \mathrm{e}^{\mathrm{j}(kx - \omega t)} \tag{3.34}$$

同时，根据声波运动方程，可以进一步得到平面声波的质点振动速度为

$$u(x, t) = -\frac{1}{p_0} \int \frac{\partial p}{\partial x} \mathrm{d}t = \frac{p_A}{\rho_0 c} \mathrm{e}^{\mathrm{j}(kx - \omega t)} \tag{3.35}$$

2) 球面波的函数表达

球面波的函数表达求解方式与平面波类似，这里不再详述，其一般形式直接

给出：

$$p(r,\ t) = \left(\frac{A}{r}e^{jkr} + \frac{B}{r}e^{-jkr}\right) e^{-j\omega t} \tag{3.36}$$

在无限介质空间中，可认为没有向内辐射的汇聚波，若声源振动是简谐方式，可化为

$$p(r,\ t) = \frac{A}{r}e^{j(kr-\omega t)} \tag{3.37}$$

同理，根据声波运动方程，可求其径向质点振动速度为

$$u(r,\ t) = -\frac{1}{\rho_0}\int\frac{\partial p}{\partial r}dt = \frac{A}{r\rho_0 c}\left(1 - \frac{1}{jkr}\right)e^{j(kr-\omega t)} = \frac{p}{\rho_0 c}\left(1 - \frac{1}{jkr}\right) \tag{3.38}$$

上述声学基础理论，是水中气泡与声波作用理论分析的基础。

3）声波能量系统的基础物理量

由于以下物理量均属于声学基础理论中的概念基础，以下直接且仅给出后续理论推导中用到的一些物理量，并进行简单换算。

（1）声功率：

$$W = S \cdot p \cdot u \tag{3.39}$$

声功率表示声源在单位时间内辐射的总能量，其中 S 为波阵面的面积，p 为声压，u 为介质质点的振动速度。

（2）声强：

$$I = \frac{W}{S} = pu \tag{3.40}$$

可将式（3.40）化为

$$I = \frac{p^2}{\rho c} = u^2 \rho c \tag{3.41}$$

声强表示在声场中某处单位时间内通过单位波阵面上的声能，其中 ρ 为介质密度，c 为介质中的声速。

3.2 舰船尾流场声散射特性分析

3.2.1 理想状态下水中气泡的声散射

1) 单个气泡声散射方程

由前文分析的声学理论基础,当声波以平面波的形式在水中传播中时,设水中有一半径为 a 的气泡,且其半径 a 远小于声波波长 λ,即 $ka \ll 1$,声波作用在气泡上作为入射波,则由平面声波函数表达,可将入射波声压 p_i 表示为

$$p_i = A\exp(-\mathrm{i}\omega t) \tag{3.42}$$

式中,A 为入射波的波幅。

在入射波的作用下,气泡做受迫振动,产生向不同方向的次生球面声波,即散射波。同理,由球面声波函数表达,p_s 为气泡散射波中距离气泡中心 r 距离远处的声压,u_s 为气泡散射波中距离气泡中心 r 距离远处的质点径向振动速度分量,二者可表示为

$$p_s = (B/r)\exp[\mathrm{i}(kr - \omega t)] \tag{3.43}$$

$$u_s = \frac{1}{\mathrm{i}\omega\rho}\frac{\partial p_s}{\partial r} = B\frac{(\mathrm{i}kr - 1)}{\mathrm{i}\omega\rho r^2}\exp[\mathrm{i}(kr - \omega i)] \tag{3.44}$$

式中,ρ 是水的密度;r 是气泡中心到水中的任意一点的距离,计算气泡表面散射声压时,$r = a$;B 为散射波幅;且为将本节中水中气泡与声波作用理论和声学基础理论中的函数表达区分开来,将虚部 j 统一改为 i。

由声压微分方程推导过程可知,声波传递的过程中的速度远快于其中热传递的速度,所以声波传递的过程可看作绝热过程,得

$$p_0 V^\gamma = 常数 \tag{3.45}$$

气泡在入射波作用下作受迫振动时,其体积变化量 $\mathrm{d}V \ll V_0 = \frac{4}{3}\pi a^3$,压力变化量 $\mathrm{d}p = p \ll p_0$,将式(3.45)对时间 t 求导,得

$$\frac{1}{p_0}\frac{\mathrm{d}p}{\mathrm{d}t} = -\frac{\gamma}{V_0}\frac{\mathrm{d}V}{\mathrm{d}t} \tag{3.46}$$

其中,体积随时间变化量为

$$\frac{dV}{dt} = 4\pi a^2 \frac{d\xi}{dt} = 4\pi a^2 u_r \tag{3.47}$$

式中，$\xi = \xi(t)$ 是气泡表面在振动过程中的位移，u_r 是气泡表面质点振动速度的径向分量。

由声波的运动方程可知 $dp/dt = -\mathrm{i}\omega p$，得

$$p = \frac{3\gamma p_0}{\mathrm{i}a\omega} u_r \tag{3.48}$$

若不考虑气泡表面张力和切变黏滞应力，气泡表面的边界条件为

$$p_i + p_s = p \tag{3.49}$$

$$u_i + u_s = u_r \tag{3.50}$$

式中，u_i 为入射波质点振动速度的径向分量。

根据最开始的假设，气泡半径 a 远小于声波波长 λ 时，气泡表面处的入射声压 p_i 可近似视为常数，此时入射波质点振动速度的径向分量 u_i 也非常小，即可化为 $u_s = u_r$，则组成的气泡表面边界条件即可化为一个方程：

$$p_i + p_s = \frac{3\gamma p_0}{\mathrm{i}a\omega} u_s \tag{3.51}$$

将入射波声压 p_i 方程和散射波声压 p_s 方程代入，得

$$A + (B/a)\exp(\mathrm{i}ka) = \frac{3\gamma p_0}{\rho\omega^2 a^3} B(\mathrm{i}ka - 1)\exp(\mathrm{i}ka) \tag{3.52}$$

因为 $ka \ll 1$，所以 $\exp(\mathrm{i}ka) \approx 1 + \mathrm{i}ka$，将其代入，得

$$B = aA\left[\left(\frac{3\gamma p_0}{4\pi^2 a^2 \rho}\right)/f^2 - 1 - \mathrm{i}ka\right]^{-1} \Rightarrow B = aA\left[(f_0/f)^2 - 1 - \mathrm{i}ka\right]^{-1} \tag{3.53}$$

式中，f_0 为气泡与声波的共振频率。

$$f_0 = (2\pi a)^{-1}(3\gamma p_0/\rho)^{1/2} \tag{3.54}$$

可知，当入射波频率 f 与气泡的共振频率 f_0 相等时，散射波的波幅 B 也达到最大，散射波最强，即构成了单个气泡的声散射方程。

2）单个气泡声散射截面

气泡对声波的散射能力可用散射截面 σ_s 来表征，根据声学理论基础，其定义

为气泡向各个方向散射的总的声功率 W_s 与入射声强 I_i 的比值，即

$$\sigma_s = W_s/I_i \qquad (3.55)$$

式(3.55)可化为

$$\sigma_s = W_s/I_i = I_s S/I_i = 4\pi a^2 (I_s/I_i) \qquad (3.56)$$

由式(3.56)可得入射波声强 I_i 与散射波声强 I_s 的表达：

$$I_i = |p_i|^2/2\rho c = |A|^2/2\rho c \qquad (3.57)$$

$$I_s = |p_s|^2/2\rho c = |B|^2/2\rho c r^2 \qquad (3.58)$$

将式(3.53)、式(3.57)、式(3.58)代入声散射截面式(3.56)，化简得

$$\sigma_s = 4\pi a^2 \{[(f_0/f)^2 - 1]^2 + (ka)^2\}^{-1} \qquad (3.59)$$

3.2.2 实际状态下水中气泡的声散射

上述讨论了理想状态下气泡的声散射情况，只考虑了气泡振动过程中受辐射阻尼的影响。而在实际状态下，小气泡周期性的压缩、膨胀并非绝热过程，会产生热传导损耗，并将部分声能转化为热能；同时气泡周围的海水对气泡振动也会产生一定黏滞阻力作用，使得部分入射波能量转换为水分子的无规则热运动。上述两个过程，即考虑了水气之间的热交换阻尼、气泡受到水的黏滞阻力，而这两个过程组成了气泡对声的吸收作用，基于声吸收作用，下面对实际状态下气泡的声散射情况进行分析。

1) 考虑声吸收的单个气泡声散射方程

首先来考虑气泡受到水的黏滞阻力的影响。由流体力学基本知识可知，作用于气泡表面的径向切变黏滞阻力为

$$-2\eta\left[\frac{\partial}{\partial r}(u_s + u_i)\right]_{r=a} \approx -2\eta\left(\frac{\partial v_s}{\partial r}\right)_{r=a} \qquad (3.60)$$

式中，η 是水的动态黏滞系数。

基于上述阻力的考虑，理想状态下气泡表面的边界条件式变为

$$p_i + p_s - 2\eta\left(\frac{\partial u_s}{\partial r}\right) = p, \ (r=a) \qquad (3.61)$$

接下来考虑水气之间热交换阻尼的影响。实际状态下，当气泡作受迫振动时，

会与周围海水介质摩擦导致热量传递,即热交换作用,但气泡的体积变化会比气泡内的压力和温度变化快,这会导致当气泡振动到体积最小时,气泡内气体的温度和压力已经跌到低于其最大值,此时气泡体积和压力之间就存在比热比相位偏移,即可表示为

$$\gamma = \gamma_1 - i\gamma_2 \tag{3.62}$$

将上式代入式(3.45),即变为

$$p_0 V^{\gamma_1 - i\gamma_2} = 常数 \tag{3.63}$$

同理,式(3.48)中的声压也相应变为

$$p = \frac{3(\gamma_1 - i\gamma_2)p_0'}{ia\omega} u_r \tag{3.64}$$

式中,$p_0' = p_0 + 2\tau/a$,$2\tau/a$ 是气泡所受表面张力,τ 是表面张力系数。

令 $\kappa = 1 + 2\tau/ap_0$,则 $p_0' = \kappa p_0$,即变为

$$p = \frac{3(\gamma_1 - i\gamma_2)\kappa p_0}{ia\omega} u_r \tag{3.65}$$

同时考虑 $u_s \approx u_r$,则化简可得

$$B = aA[(f_0'/f)^2 - 1 - i\delta]^{-1} \tag{3.66}$$

式中,δ 为声阻尼系数,f_0' 为考虑声吸收后气泡与声波的共振频率,即

$$f_0' = (\gamma_1 \kappa/\gamma)^{1/2} f_0 \tag{3.67}$$

$$\delta = ka + 4\eta/(\rho\omega a^2) + (f_0'/f)^2 (\gamma_2/\gamma_1) = \delta_r + \delta_\eta + \delta_T \tag{3.68}$$

式中,δ_r、δ_η、δ_T 分别是由于再辐射、海水切变黏滞以及气泡内气体与水介质之间的热交换造成的衰减,即辐射阻尼系数、黏滞阻尼系数和热阻尼系数。

2) 考虑声吸收的单个气泡声散射截面、声吸收截面与声衰减截面

从能量角度分析,除了气泡对入射声波的散射作用外,另一部分入射波声能还因水介质的黏滞阻力以及气泡内气体与水介质之间的热传导而被吸收,与声散射功率 W_s 类似,这种能量损失可用声吸收功率 W_a 表征,气泡对入射声能的散射以及对入射声能的吸收共同构成了声能的衰减,衰减强度可用声衰减功率 W_e 表征,三者关系如下:

$$W_e = W_s + W_a \tag{3.69}$$

相应地,声衰减截面 σ_e、声散射截面 σ_s、声吸收截面 σ_a 三者关系为

$$\frac{W_e}{I_i} = \frac{W_s}{I_i} + \frac{W_a}{I_i} \Rightarrow \sigma_e = \sigma_s + \sigma_a \tag{3.70}$$

其中,声衰减功率可由声学基础得

$$W_e = \frac{4\pi a^2}{T} \int_0^T \mathrm{Re}\{p_i\} \, \mathrm{Re}\{u_r\}_{r=a} \mathrm{d}t \tag{3.71}$$

式中,$\mathrm{Re}\{\cdots\}$ 表示对括号内项取实部,$T = \dfrac{1}{f}$ 为入射波周期。

考虑 $ka \ll 1$,则 $u_s \approx u_r$,得

$$(u_s)_{r=a} \approx (u_r)_{r=a} = \frac{\mathrm{i}B}{\omega \rho a^2} \exp(-\mathrm{i}\omega t) \tag{3.72}$$

声衰减截面为

$$\sigma_e = \frac{W_e}{I_i} = 4\pi a^2 \left(\frac{\delta}{ka}\right) (D^2 + \delta^2)^{-1} \tag{3.73}$$

式中,$D = (f_0'/f)^2 - 1$。

考虑声吸收的气泡声散射截面为

$$\sigma_s = 4\pi a^2 (D^2 + \delta^2)^{-1} \tag{3.74}$$

与此同时,声吸收截面为

$$\sigma_a = \sigma_e - \sigma_s = 4\pi a^2 \left(\frac{\delta}{ka} - 1\right)(D^2 + \delta^2)^{-1} \tag{3.75}$$

3) 考虑声吸收的气泡群体积散射系数与衰减系数

当入射声波作用在含有许多气泡在内的水中气泡群上时,水中气泡群中的这些气泡无规律地分布,气泡间的平均距离足够大,其间相互作用可忽略,则单位体积气泡群的声散射功率可表示为

$$W_s = n\sigma_s I_i \tag{3.76}$$

式中,$n = n(a)$,n 是 a 的函数,为气泡群中气泡的尺度分布,表示单位体积气泡群内有 n 个半径为 a 的气泡。

气泡群体积散射系数定义为

$$m_v = n(a)\sigma_s \tag{3.77}$$

可得考虑声吸收的气泡群体积散射系数 m_v 为

$$m_v = \int_0^\infty \sigma_s(a) n(a) \mathrm{d}a = 4\pi \int_0^\infty a^2 n(a) (D^2 + \delta^2)^{-1} \mathrm{d}a \qquad (3.78)$$

气泡群体积衰减系数定义为

$$\alpha = n(a) \sigma_e \qquad (3.79)$$

同理可得,考虑声吸收的气泡群体积衰减系数 α 为

$$\alpha = \int_0^\infty \sigma_e(a) n(a) \mathrm{d}a = 4\pi \int_0^\infty a^2 n(a) (\delta/ka)(D^2 + \delta^2)^{-1} \mathrm{d}a \qquad (3.80)$$

4) 考虑声吸收的气泡群声散射强度

声散射强度是表征物体对声波散射能力的一个基本值,它等于被单位面积或体积所散射的声强与入射声强的比值,用 S_v 表示:

$$S_v = 10\lg \frac{I_{sv}}{I_i} \qquad (3.81)$$

由前几节分析可知,气泡群单位体积的散射声强 I_{sv} 为

$$I_{sv} = n(a) \times 4\pi a^2 \times I_s = m_v \times I_i \qquad (3.82)$$

式中 S_v 声散射强度可化为

$$S_v = 10\lg m_v \qquad (3.83)$$

若假定被气泡群散射的声波均匀分布在一球面上,则该球面接收到气泡群散射的声波是有指向性的,气泡群散射的声波并不能完全被球面接收,水声学应用中,常常只关注在气泡群与接收球面连线方向上的反向散射情况,并用气泡群的反向散射系数 s_v 表征气泡群的散射基本能力,其与气泡群体积散射系数的关系为

$$s_v = \frac{m_v}{4\pi} \qquad (3.84)$$

式中的散射强度指的是物体的体积声散射强度,但在水声应用中,通常所说的声散射强度指的是声反向散射强度,所以式中 m_v 可用 s_v 代替,则声反向散射强度可表示为

$$S_v = 10\lg s_v \qquad (3.85)$$

3.2.3　水中单个气泡声散射特性分析及仿真

尾流中含有的大量小气泡群对声波有显著的散射作用,声波通过尾流后会产生散射回波,是鱼雷制导的一个指标,因此对气泡的声散射进行分析是尾流声学特性研究的重要基础。水中单个气泡的声散射截面是表征气泡对声散射能力的一个指标,是分析气泡群声散射特性的基础,下面主要对理想和实际两种状态下的单个气泡的声散射截面进行数值仿真,并分析相关参数对其的影响。

1) 理想状态下水中单个气泡的声散射特性仿真分析

只考虑气泡振动过程中辐射阻尼影响的理想状态下单个气泡声散射截面的表达式为

$$\begin{cases} \sigma_s = 4\pi a^2 \{[(f_0/f)^2-1]^2 + (ka)^2\}^{-1} \\ k = 2\pi f/c \\ f_0 = (2\pi a)^{-1}(3\gamma p_0/\rho)^{1/2} \end{cases} \tag{3.86}$$

式中,a 为气泡半径,m;f 为声波探测(入射)频率,Hz;k 为探测(入射)声波角波数;f_0 为气泡与声波共振频率,Hz;γ 为介质(水)比热比;p_0 为环境气压,Pa;ρ 为介质(水)密度,kg/m³;c 为水中声速,m/s。

考虑海水中尾流气泡的实际情况,海水密度取 $\rho = 1\,000\,\text{kg/m}^3$;环境气压取标准大气压 $p_0 = 1.013 \times 10^5\,\text{Pa}$;介质比热比取 $\gamma = 1.4$;水中声速取 $c = 1\,500\,\text{m/s}$,仿真不同声波入射频率下,单个气泡声散射截面随气泡半径的变化关系(见图3.1、图3.2)。

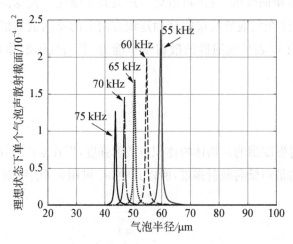

图 3.1　不同入射频率下单个气泡声散射截面随半径变化关系

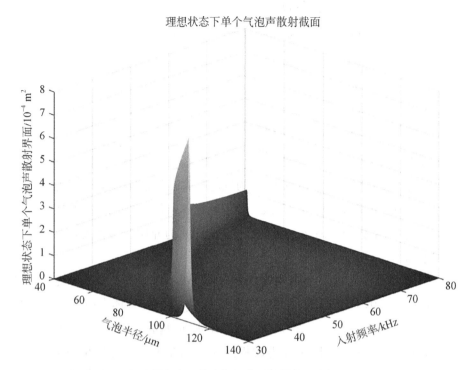

图 3.2　不同入射频率下单个气泡声散射截面随半径变化三维视图

从图 3.1 中可以看出，在相同入射频率下，理想状态下单个气泡声散射截面先是稳定在最小值，随气泡半径的增大，在某一半径附近迅速增大，并在气泡共振区半径附近达到峰值，而后迅速减小，随后稳定在最小值，不受半径影响；不同的入射频率会导致气泡共振区半径以及声散射截面峰值的不同，入射频率越小，气泡共振区半径越大，声散射截面峰值也越大。其中当入射频率为 65 kHz 时，气泡共振区半径为 51 μm 左右。

从图 3.2 中可以看出，理想状态下，单个气泡声散射截面的主要决定因素为声波入射频率，即在某一半径区间内，减小入射频率会显著增大气泡共振区半径时声散射截面的峰值；而在相同的入射频率下，气泡半径小于或大于气泡共振区半径时，气泡的声散射截面不会随半径的增大或减小产生显著变化。

2) 实际状态下水中单个气泡的声散射特性仿真分析

考虑了水气之间的热交换阻尼、气泡受水的黏滞阻力影响的实际状态下单个气泡声散射截面的表达式为

$$\begin{cases} \sigma_s = 4\pi a^2 (D^2 + \delta^2)^{-1} \\ \delta = ka + 4\eta/(\rho\omega a^2) + (f'_0/f)^2(\gamma_2/\gamma_1) \\ D = (f'_0/f)^2 - 1 \\ k = 2\pi f/c \\ f'_0 = (\gamma_1 \kappa/\gamma)^{1/2} f_0 \\ f_0 = (2\pi a)^{-1}(3\gamma p_0/\rho)^{1/2} \end{cases} \tag{3.87}$$

式中，a 为气泡半径，m；f 为声波探测（入射）频率，Hz；ω 为声波探测（入射）角频率，Hz；k 为声波探测（入射）角波数 f_0 为气泡与声波共振频率，Hz；γ 为介质（水）比热比，γ_1、γ_2 为其相位偏移后形式；η 为液体（水）动力黏滞系数，Pa·s；τ 为液体（水）表面张力系数，N/m；p_0 为环境气压，Pa；ρ 为介质（水）密度，kg/m³；c 为水中声速，m/s。

考虑海水中尾流气泡的实际情况，海水密度取 $\rho = 1\,000\,\text{kg/m}^3$；环境气压取标准大气压 $p_0 = 1.013 \times 10^5\,\text{Pa}$；水中声速取 $c = 1\,500\,\text{m/s}$；液体表面张力取 20℃下纯水的表面张力系数值 $\tau = 7.28 \times 10^{-2}\,\text{N/m}$；水动力黏滞系数取 20℃下水的动力黏滞系数 $\eta = 1.01 \times 10^{-3}\,\text{Pa·s}$；考虑相位偏移，并取介质比热比相关参数取 $\gamma = 1.4$，$\gamma_1 = 1.0$，$\gamma_2 = 0.4$，仿真不同声波入射频率下，单个气泡声散射截面随气泡半径的变化关系（见图 3.3、图 3.4）。

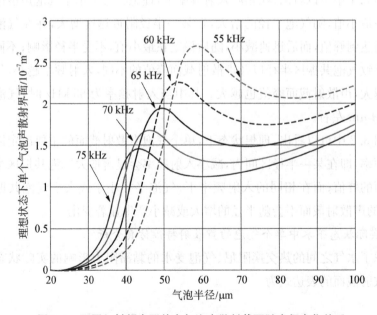

图 3.3　不同入射频率下单个气泡声散射截面随半径变化关系

实际状态下的单个气泡声散射截面

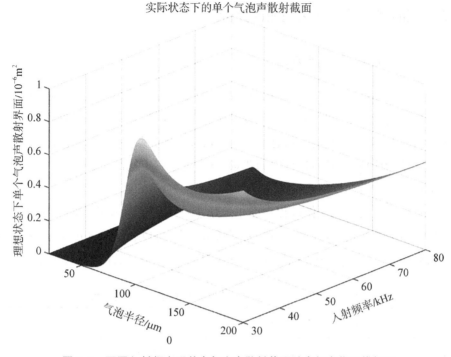

图 3.4　不同入射频率下单个气泡声散射截面随半径变化三维视图

从图 3.3 中可以看出,在相同入射频率下,实际状态下单个气泡声散射截面先是稳定在最小值,随气泡半径的增大,在某一半径附近迅速增大,并在气泡共振区半径附近达到峰值,而后随之减小,随着气泡半径的进一步增大,入射频率对声散射截面的影响减弱,气泡半径大小的影响愈加明显,表现为散射截面随气泡半径增大而增大。其中当入射频率为 65 kHz 时,气泡共振区半径为 57 μm 左右,与理想状态相比,发生明显偏移。

除此之外,由于考虑了水气之间的热交换阻尼、气泡受水的黏滞阻力影响,入射声波能量一部分被吸收,气泡散射的部分减小,导致气泡半径处于共振区半径时,实际状态下单个气泡的声散射截面较相同情况下理想状态下单个气泡的声散射截面有所减小。从图 3.4 中可以看出,实际状态下,单个气泡声散射截面的主要决定因素为气泡半径,即在相同的入射频率下,当气泡半径增加到大于气泡共振区半径时,气泡的声散射截面会随着半径的增大而显著持续上升。

3.3　舰船尾流场声学探测理论分析

3.3.1　声学探测声呐方程

目前声尾流自导鱼雷的自导系统一般由声学基阵、发射器和接收器组成,其工作原理与声呐探测尾流时相同,即声波发射器向外辐射声能,传播遇到尾流目标时产生反向散射,而后含有尾流信息的声回波被接收器接收,同时对此回波信号进行处理,区分尾流回波信号与过程中的背景噪声,之后判定尾流是否存在,形成指令,传送给鱼雷的导引和控制系统。

声呐设备在设计或工作过程中受水声学中许多的现象和效应的影响,将这些影响作为声呐参数量化,并通过声呐方程联系起来,可以有效对水声学诸多效应进行预报和评估,声呐方程中的主要声呐参数的定义及参考位置如表 3.1 所示。

表 3.1　声呐方程中的主要声呐参数的定义及参考位置

参数符号	参考位置	定义
声源级 SL	在声轴上距声源 1 码处	$10\lg\dfrac{声源强度}{参考强度}$
传播损失 TL	距声源(主动声呐为接收器,被动声呐为目标)1 码处	$10\lg\dfrac{距声源 1m 处的信号强度}{声源上的信号强度}$
目标强度 TS	距目标声学中心 1 码处	$10\lg\dfrac{距目标声学中心 1m 处的回声强度}{入射到目标上的声强}$
噪声级 NL	在接收器处	$10\lg\dfrac{接收器的接收噪声强度}{参考强度}$
接受指向性指数 DI	在接收器处	$10\lg\dfrac{无指向性接收器的接收噪声功率}{实际上接收器的接收噪声功率}$
混响级 RL	在接收器处	$10\lg\dfrac{接收器的接收混响功率}{参考强度信号功率}$
检测阈 DI	在接收器处	$10\lg\dfrac{刚好完成特定职能时的信号功率}{接收器的接收噪声(混响)功率}$

1) 主动声呐方程

主动声呐的工作原理简化示意图如下:

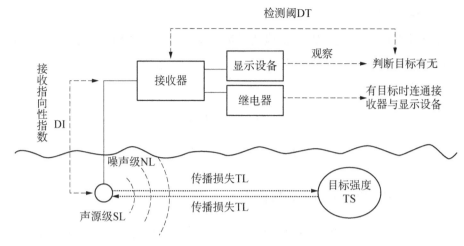

图 3.5　主动声呐工作原理

其工作过程为,主动声呐作为发射声源,同时其也作为声回波信号的接收器(一般为换能器),其为声源级 SL,当其辐射的声波到达目标时,传播路径上的传播损失为 TL,之后声波被目标强度为 TS 的目标所反射或散射,目标的回波信号即被作为信号接收器的主动声呐接收,同时此过程也产生 TL 的传播损失。若传播介质背景是各向同性的噪声,不是混响,则声回波信号也受到环境噪声级 NL 的背景影响,该背景被主动声呐的信号接收器的指向性指数压低,所以在接收器的输出端,相对噪声级为 $N_L - D_I$。

由上述分析可得,主动声呐的方程可表示为

$$S_L - 2T_L + T_S - (N_L - D_I) = D_T \tag{3.88}$$

将主动声呐方程写成等式,即主动声呐刚好可以检测到信号时,等号右边项检测阈 DT 恰好等于左边项。

当传播介质背景不是各向同性的噪声而是混响时,由于混响不是各向同性的,所以可用混响级 RL 代替式中的相对噪声级 NL−DI,则主动声呐方程可写为

$$S_L - 2T_L + T_S - R_L = D_T \tag{3.89}$$

值得提出的是,在水声学应用中,将声呐方程中的几项参数组合定义,可得出工程中广泛应用的回声信号级,即回声级 EL,其表征为水中主动声呐接收器测得的回声强度。

$$E_L = S_L - 2T_L + T_S \tag{3.90}$$

2）被动声呐方程

在被动声呐工作的过程中,被检测目标本身作为声源级 SL,目标强度 TS 这一参数则不被需要,且传播损失只计单程,基于此考虑,参照主动声呐方程,被动声呐方程可写为

$$S_L - T_L - (N_L - D_I) = D_T \tag{3.91}$$

$$S_L - T_L - R_L = D_T \tag{3.92}$$

3.3.2　声学探测散射混响理论

海洋中的水体和其界面造成了整个海洋介质的不均匀性,这种不均匀性体现在介质物理性质上则是它的不连续性,当声波照射在它们上面时,部分声能被再辐射回去,这种声的再辐射被称作散射,而来自某一特定区域所有散射体的散射作用总和被称作混响。

按照散射体分布条件分类,混响可分为两种:一种是散射体以其本身体积形式存在于海水中造成的混响,散射体的分布是三维的,如海洋中生物体、非生物体以及尾流等产生的体积混响;与其相对的另一种是散射体分布是二维的界面混响,如海面混响、海底混响。

1）体积混响理论

如图 3.6 所示,设有一个有指向性的声波发射器,将其放在均匀分布大量散射体的理想介质中,该发射器的指向性图为 $b(\theta, \varphi)$,发射器的轴向声强为 I_0,由指向性函数定义,在 θ、φ 方向上的声强为 $I_0 b(\theta, \varphi)$。

设在 θ,φ 方向上距离 r 处有一体积为 dV 的微小体积散射体,则 dV 的入射声强为 $I_0 b(\theta, \varphi)/r^2$,在离开 dV 朝向声源方向上的反向散射声强则为 $[I_0 b(\theta, \varphi)/r^2]s_v dV$,其中的 s_v 为散射体的反向散射系数,则从 dV 处返回声源附近的声强为 $[I_0 b(\theta, \varphi)/r^4]s_v dV$。

另在声源处有一个有指向性的接收器,其指向性图为 $b'(\theta, \varphi)$,则声源处接收到的声强为 $[I_0 b(\theta, \varphi)b'(\theta, \varphi)/r^4]s_v dV$,上述分析把散射体分成无数个微小体积 dV 的小散射体,为求整个散射体的总贡献,可对 $[I_0 b(\theta, \varphi)b'(\theta, \varphi)/r^4]s_v dV$ 进行积分,可得声源接收器接收到的总混响为 $(I_0/r^4)s_v \int_v b(\theta, \varphi)b'(\theta, \varphi)dV$,为便于书写,用 bb' 代替 $b(\theta, \varphi)b'(\theta, \varphi)$,则体积混响级 R_{L_v} 为

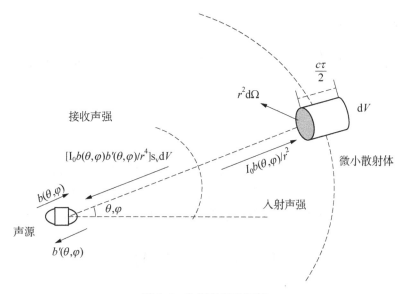

图 3.6　体积散射几何图

$$R_{L_v} = 10\lg\left(\frac{I_0}{r^4}s_v\int_v bb'\mathrm{d}V\right) \tag{3.93}$$

接下来考虑 dV 这个微小体积散射体,如图 3.6 所示,dV 是一个长度一定的无限小圆柱体,其底面与声波入射方向垂直,面积为 $r^2\mathrm{d}\Omega$,$\mathrm{d}\Omega$ 为 dV 在源点的立体角原;对于声呐而言,其发射一脉冲后入射到圆柱体上引起散射,并在同一瞬时返回,所行路程刚好为圆柱体长度的 2 倍,所以圆柱体的长度为 $\frac{c\tau}{2}$,其中 c 为声速,τ 发射脉冲的宽度,所以这个微小圆柱体的体积为

$$\mathrm{d}V = r^2\frac{c\tau}{2}\mathrm{d}\Omega \tag{3.94}$$

将式(3.94)代入式(3.93),得

$$R_{L_v} = 10\lg\left(\frac{I_0}{r^4}r^2\frac{c\tau}{2}s_v\int bb'\mathrm{d}\Omega\right) \tag{3.95}$$

对于体积混响而言,$\int bb'\mathrm{d}\Omega$ 可解释为主动声呐发射器与接收器组合的合成波束等效束宽 Ψ,即

$$\int bb'\mathrm{d}\Omega = \Psi \tag{3.96}$$

则式(3.95)可以写为

$$R_{L_v} = 10\lg\left(\frac{I_0}{r^4} \times s_v \times \frac{c\tau}{2}\Psi r^2\right) \Rightarrow R_{L_v} = S_L - 40\lg r + S_v + 10\lg V \quad (3.97)$$

式中，$V = \dfrac{c\tau}{2}\Psi r^2$。

2) 界面混响理论

对于界面混响，其理论推导原理与体积混响理论类似，只是散射体不是微小的散射体积 dV，而是二维的微小散射平面 dA，dA 为散射平面内一圆环上的一小段，圆环中心位于声波发射器与接收器的垂直方向，则可同理推导界面混响 R_{L_s} 为

$$R_{L_s} = 10\lg\left(\frac{I_0}{r^4}s_s\int bb' dA\right) \quad (3.98)$$

式中，s_s 是散射平面的反向散射系数，$10\lg s_s = S_s$ 是散射平面的反向散射强度，dA 是微小散射平面的面积。

同理，考虑微小散射平面 dA 的面积，得

$$dA = \frac{c\tau}{2}r d\varphi \quad (3.99)$$

式中，$d\varphi$ 是 dA 对圆环中心的平面角。

得

$$R_{L_s} = 10\lg\left(\frac{I_0}{r^4}s_s \frac{c\tau}{2}r\int bb' d\varphi\right) \quad (3.100)$$

对于界面混响而言，$\int bb' d\varphi$ 可解释为主动声呐发射器与接收器组合的合成波束指向性图的等效平面角 Φ，即

$$\int bb' d\varphi = \Phi \quad (3.101)$$

则式(3.100)可以写为

$$R_{L_s} = 10\lg\left(\frac{I_0}{r^4} \times s_s \times \frac{c\tau}{2}r\Phi\right) \Rightarrow R_{L_s} = S_L - 40\lg r + S_s + 10\lg A \quad (3.102)$$

式中，$A = \dfrac{c\tau}{2}\Phi r$。

3.3.3 尾流声学探测回波指标

1) 尾流的散射回声级

由前文内容可知,尾流回声级 E_{L_w} 为 $S_L - 2T_L + T_S$,不难理解,这里的尾流回声级就是同一时刻的尾流的体积混响级,即

$$E_{L_w} = S_L - 2T_L + T_S = S_L - 2 \times (20\lg r_w) + S_{vw} + 10\lg V_w \quad (3.103)$$

式中,r_w 为发射器与接收器到尾流的距离;$S_{vw} = 10\lg s_{vw}$ 为尾流的反向散射强度,s_{vw} 为尾流的反向散射系数;$V_w = \dfrac{c\tau}{2}\Psi r_w^2$。

对于水声的传播损失,是吸收损失和扩展损失的共同作用,当探测距离很近时,扩展损失占主要地位,即传播损失 $2T_L$ 即为 $2 \times (20\lg r_w)$;当传播距离变远时,此时吸收损失不得不考虑,吸收损失一般用 βr_w 表示,其中 β 为传播介质的声吸收系数,即海水的吸收系数,传播损失项 $2T_L$ 则需变为 $2 \times (\beta r_w + 20\lg r_w)$,如此,可变为

$$E_{L_w} = S_L - 2T_L + T_S = S_L - 2 \times (\beta r_w + 20\lg r_w) + S_{vw} + 10\lg V_w$$

$$(3.104)$$

即可表征在常规探测距离下尾流的回声级。

2) 海洋背景噪声级

海洋中声呐在探测目标的过程中,接收器接收的声回波包含了海洋的背景噪声,主要为海面体积混响和海面边界混响。

海面体积混响是由于海面附近本身存在大量气泡,且海面附近的介质不均匀,这些都会对探测声波产生体积散射,其中也包含了海水的体积散射;海面边界混响是由于海面不平造成的对探测声波的界面散射。

基于上述分析,并由上节中所讨论的体积混响理论与界面混响理论,可将海面体积混响 $R_{L_{vh}}$、海面边界混响 $R_{L_{sh}}$ 表示如下:

$$R_{L_{vh}} = 10\lg\left(\frac{I_0}{r_h^4} \times s_{vh} \times \frac{c\tau}{2}\Psi r_h^2\right) \Rightarrow R_{L_{vh}} = S_L - 40\lg r_h + S_{vh} + 10\lg V_h$$

$$(3.105)$$

$$R_{L_{sh}} = 10\lg\left(\frac{I_0}{r_h^4} \times s_{sh} \times \frac{c\tau}{2} r_h\Phi\right) \Rightarrow R_{L_{sh}} = S_L - 40\lg r_h + S_{sh} + 10\lg A_h$$

$$(3.106)$$

式中，r_h 为发射器和接收器到海面的距离；$V_h = \dfrac{c\tau}{2}\Psi r_h^2$；$s_{vh}$ 为海水介质体积反向散射系数，$S_{vh} = 10 \lg s_{vh}$，为海水介质体积反向散射强度；$A_h = \dfrac{c\tau}{2}\Phi r_h$；$s_{sh}$ 为海水介质平面反向散射系数，$S_{sh} = 10 \lg s_{sh}$，为海水介质平面反向散射强度。

根据能量叠加原理，表征海洋背景噪声级的海水混响的总声级 R_{L_h} 可表示为

$$R_{L_h} = 10 \lg (10^{0.1 R_{L_{vh}}} + 10^{0.1 R_{L_{sh}}}) \tag{3.107}$$

3) 尾流回声-混响比

在探测尾流的实际过程中，声回波不仅包含了尾流的回波信息，也包含了海洋背景的混响干扰，若想判定尾流的存在，就必须对尾流回波去除海洋背景噪声的部分进行分析。因此，设定参数尾流回声-混响比 $E_{L_w} - R_{L_h}$，作为尾流声学探测的回波强度指标，它等于尾流回声级与海洋背景噪声混响级之差，可得尾流的回声-混响比表达如下：

$$E_{L_w} - R_{L_h} = S_L - 2 \times (\beta r_w + 20 \lg r_w) + S_{vw} + 10 \lg V_w - 10 \lg (10^{0.1 R_{L_{vh}}} + 10^{0.1 R_{L_{sh}}}) \tag{3.108}$$

3.4　本章小结

本章主要对声与水中气泡作用机理进行了较为细致的研究，主要研究内容及相应结论如下：

（1）从声学理论基础出发，推导介绍了声压微分方程、声波的运动方程、平面波与球面波的函数表达以及声波能量系统的基础物理量。

（2）基于上述声学基础理论，具体研究尾流气泡与声波的作用机理：

① 推导理想状态下水中单个气泡的声散射相关方程，即仅考虑气泡振动过程中所受辐射阻尼影响，得出理想状态下单个气泡的声散射截面 σ_s，以及单个气泡与声波的共振频率 f_0。

② 推导实际状态下水中单个气泡的声散射相关方程，即同时考虑气泡振动过程中所受辐射阻尼与介质的声吸收作用，声吸收作用体现为水气之间的热交换阻尼、气泡受到水的黏滞阻尼，得出实际状态下单个气泡的声衰减截面 σ_e、声散射截面 σ_s、声吸收截面 σ_a；基于实际状态下水中单个气泡声散射相关方程，推导实际状

态下水中气泡群的声散射相关方程,得出实际状态下水中气泡群体积散射系数 m_v、体积衰减系数 α,并得出可表征气泡群声散射能力的声反向散射强度 S_v,为后续分析奠定理论基础。

③ 基于上述尾流气泡与声波的作用理论,分别对理想与实际两种状态下的单个气泡声散射截面指标进行数值仿真分析,并得出结论:

a. 理想状态下,单个气泡声散射截面的主要决定因素为声波入射频率,即在某一半径区间内,减小入射频率会显著增大气泡共振区半径时声散射截面的峰值;而在相同的入射频率下,气泡半径小于或大于气泡共振区半径时,气泡的声散射截面不会随半径的增大或减小产生显著变化。

b. 实际状态下,单个气泡声散射截面的主要决定因素为气泡半径,即在相同的入射频率下,当气泡半径增加到大于气泡共振区半径时,气泡的声散射截面会随着半径的增大而显著持续上升。

(3) 基于尾流气泡与声波作用理论推导得出的声学参数,进行可将上述声学参数应用于尾流自导鱼雷制导效果分析的尾流气泡声学探测理论研究,具体如下:

① 从声呐角度分析介绍尾流的声学探测原理,并给出主动声呐方程、被动声呐方程表达及原理,以及其中所需各项参数的定义与计算。

② 概述声学探测过程中所需的散射混响理论,主要包括体积混响理论与界面混响理论,并推导表征二者混响强度的体积混响级 RL_v 与界面混响级 RL_s 方程。

③ 基于上述理论,具体研究尾流声学探测的回波指标:

a. 推导介绍了尾流的散射回声级方程。

b. 基于声呐探测散射混响理论,推导介绍了尾流声学探测时的海洋背景噪声级方程,主要包括海面体积混响 $R_{L_{vh}}$、海面边界混响 $R_{L_{sh}}$,并将二者综合影响表征为海水混响的总声级 $R_{L_h} = 10\lg(10^{0.1R_{L_{vh}}} + 10^{0.1R_{L_{sh}}})$。

c. 推导介绍作为尾流声学探测回波强度指标的尾流回声-混响比 $E_{L_w} - R_{L_h}$ 方程表达。

第 4 章

舰船尾流场声学探测模型研究

　　含气泡液体的声传播特性主要包括声散射和声透射两个方面。根据跃变区声传播干扰特性的研究需要,本章首先分别构建含气泡液体基于球源辐射的声散射模型和考虑多体多次散射的声透射模型。在此基础上,根据第 2 章有关跃变区形状规模和气泡分布特征的结论,进一步推导具有柱形伽马分布特点的含气泡液体的声散射和声透射模型。以此作为跃变区的声传播基本理论,为研究跃变区对声波传播的具体干扰规律以及对声呐的综合干扰作用奠定理论基础。

4.1　舰船尾流场声散射模型研究

　　声波在含气泡液体中传播时,对入射波来说,每一个气泡都是一个次级辐射声源。而气泡向外辐射的散射声波对周围其他气泡而言又是新的入射声波,进而也形成相应的散射波。因此,含气泡液体中的声传播具有多体多次散射的现象。对单个气泡而言,气泡外部入射波与散射波的叠加声场与气泡内部的声场在气液界面处连续,使气泡表面产生振动,并且在不同极角和方位角处的振动并不是一致的。因此将声压波动方程转换为勒让德多项式的形式来描述各声传播参数,并推导气泡群声散射截面积和散射声强的表达式,以表征含气泡液体对声波的散射能力。

4.1.1　单个气泡的散射模型

　　首先构建单个气泡的散射模型,包括散射声场、散射声强、散射截面积以及各共振参数的具体表达式,并数值分析散射极角、气泡半径、海水深度和入射声场频率等对单个气泡散射声场的影响,以及不同入射声场频率下气泡的共振半径和散射截面积。

4.1.1.1　散射模型的构建

先求解单个气泡球源辐射散射声场的声压方程,再解算气泡的散射声强。气泡的入射声场、散射声场和气泡内部声场的声压分别为 P_i、P_s 和 P_e,即

$$
\begin{cases}
P_i = P_a e^{j\omega\tau} \sum_{m=0}^{\infty} (2m+1)(-j)^m j_m(k_1 r) P_m(\cos\theta) \\
P_s = P_a e^{j\omega\tau} \sum_{m=0}^{\infty} (2m+1)(-j)^m A_m h_m^{(2)}(k_1 r) P_m(\cos\theta) \\
P_e = e^{j\omega\tau} \sum_{m=0}^{\infty} (2m+1)(-j)^m B_m j_m(k_g r) P_m(\cos\theta)
\end{cases}
\tag{4.1}
$$

式(4.1)中 r 和 θ 分别为径向坐标和极角坐标,如图 4.1 所示为单个气泡的声散射示意图。$k_1 = \omega/c_1$ 为声波在液体中的波数,$k_g = \omega/c_g$ 为声波在气泡所含气体中的波数,p_a 为入射声场在气泡所处位置的声压,ω 为声场角频率,c_1、c_g 分别为液体和气体中的声速,A_m 和 B_m 为待求系数。$P_m(x)$ 为 m 阶勒让德多项式,$j_m(x)$ 为 m 阶第一类球贝塞尔函数,$h_m^{(2)}(x)$ 为 m 阶第二类球汉克尔函数,且满足 $h_m^{(2)}(x) = j_m(x) - j n_m(x)$,$n_m(x)$ 为 m 阶第二类球贝塞尔函数。$P_m(x)$,$j_m(x)$ 和 $n_m(x)$ 的表达式如下:

$$
\begin{cases}
P_m = P_m(x) = \dfrac{1}{2^m m!} \dfrac{d^m}{dx^m} (x^2 - 1)^m \\
j_m = j_m(x) = \sum_{s=0}^{\infty} (-1)^s \dfrac{2^m (m+s)!}{s!(2m+2s+1)!} x^{m+2s} \\
n_m = n_m(x) = (-1)^{m+1} \sum_{s=0}^{\infty} (-1)^s \dfrac{\sqrt{\pi}\, 2^{m-2s}}{s!\,\Gamma(-m+s+1/2)} x^{-m+2s-1}
\end{cases}
\tag{4.2}
$$

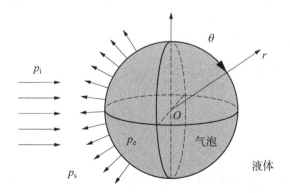

图 4.1　单个气泡的声散射示意图

下面求解系数 A_m 和 B_m。将气泡外部的叠加声场记为

$$P_r = P_i + P_s = P_a e^{j\omega\tau} \sum_{m=0}^{\infty} (2m+1)(-j)^m [j_m(k_1 r) + A_m h_m^{(2)}(k_1 r)] P_m(\cos\theta)$$

$$(4.3)$$

考虑黏滞阻力对声波震动的影响,则气泡壁外部总的压强为

$$P_{out} = P_1 + p_r - 2\mu \frac{\partial v_r}{\partial r}, \ r = R_0 \tag{4.4}$$

v_r 为外部声场 p_r 的振动速度。若 R_0 为气泡在静水中的半径,则声场中气泡内部总的压强为 $P_1 + 2\sigma/R_0 + p_e$,则:

$$p_1 + p_r - 2\mu \frac{\partial v_r}{\partial r} + \frac{2\sigma}{R} = P_1 + \frac{2\sigma}{R_0} + p_e, \ r = R_0 \tag{4.5}$$

R 为声场中气泡的半径,对式(4.5)中的表面张力项在 R_0 附近取一阶泰勒近似为

$$\frac{2\sigma}{R} = \frac{2\sigma}{R_0} - \frac{2\sigma}{R_0^2} \frac{v_r}{j\omega}, \ r = R_0 \tag{4.6}$$

联立式(4.5)和式(4.6)可得到压强的连续方程为

$$p_r - 2\mu \frac{\partial v_r}{\partial r} - \frac{2\sigma}{R_0^2} \frac{v_r}{j\omega} = p_e, \ r = R_0 \tag{4.7}$$

因为:

$$\begin{cases} v_r = -\dfrac{1}{j\omega\rho_1} \dfrac{\partial p_r}{\partial r} = -\dfrac{k_1 p_a}{j\omega\rho_1} e^{j\omega\tau} \sum_{m=0}^{\infty} (2m+1)(-j)^m [j'_m(k_1 r) + \\ \qquad A_m h_m^{(2)'}(k_1 r)] P_m(\cos\theta) \\ v_e = -\dfrac{1}{j\omega\rho_g} \dfrac{\partial p_e}{\partial r} = -\dfrac{k_g}{j\omega\rho_g} e^{j\omega\tau} \sum_{m=0}^{\infty} (2m+1)(-j)^m B_m j'_m(K_g r) p_m(\cos\theta) \end{cases}$$

$$(4.8)$$

所以:

$$\frac{\partial v_r}{\partial r} = -\frac{k_1^2 p_a}{j\omega\rho_1} e^{j\omega\tau} \sum_{m=0}^{\infty} (2m+1)(-j)^m [j''_m(k_1 r) + A_m h_m^{(2)''}(k_1 r)] P_m(\cos\theta)$$

$$(4.9)$$

其中：

$$\begin{cases} j'_m = j'_m(k_1 r) = \dfrac{\partial j_m(k_1 r)}{\partial(k_1 r)}, \ h_m^{(2)'} = h_m^{(2)'}(k_1 r) = \dfrac{\partial h_m^{(2)}(k_1 r)}{\partial(k_1 r)} \\[3mm] j''_m = j''_m(k_1 r) = \dfrac{\partial^2 j_m(k_1 r)}{\partial(k_1 r)^2}, \ h_m^{(2)''} = h_m^{(2)''}(k_1 r) = \dfrac{\partial^2 h_m^{(2)}(k_1 r)}{\partial(k_1 r)^2} \end{cases} \tag{4.10}$$

忽略剪切应力的影响，考虑气泡壁的振动速度边界条件为 $v_r|_{r=R_0} = v_e|_{r=R_0}$，若记 $x_1 = k_1 R_0$，$x_g = k_g R_0$，由式(4.8)可得速度连续方程的通项式为

$$\frac{p_a}{\rho_1 c_1}\left[j'_m(x_1) + A_m h_m^{(2)'}(x_1)\right] = \frac{1}{\rho_g c_g} B_m j'_m(x_g) \tag{4.11}$$

可得到系数 B_m 的表达式为

$$B_m = \frac{p_a \rho_g c_g}{\rho_1 c_1} \frac{j'_m(x_1) + A_m h_m^{(2)'}(x_1)}{j'_m(x_g)} \tag{4.12}$$

又将式(4.8)和式(4.9)代入压强的连续方程式(4.7)得

$$\begin{aligned}&\left[j_m(x_1) + A_m h_m^{(2)}(x_1)\right] + C_{1m}\left[j'_m(x_1) + A_m h_m^{(2)'}(x_1)\right] + \\ &C_{2m}\left[j''_m(x_1) + A_m h_m^{(2)''}(x_1)\right] = 0 \end{aligned} \tag{4.13}$$

$$\begin{cases} C_{1m} = -\dfrac{2\sigma}{\omega R_0^2 \rho_1 c_1} - \dfrac{\rho_g c_g}{\rho_1 c_1} \dfrac{j_m(x_g)}{j'_m(x_g)} \\[3mm] C_{2m} = \dfrac{2\mu\omega}{j\rho_1 c_1^2} \end{cases} \tag{4.14}$$

由此解得系数 A_m 的表达式为

$$A_m = -\frac{j_m(x_1) + C_{1m} j'_m(x_1) + C_{2m} j''_m(x_1)}{h_m^{(2)}(x_1) + C_{1m} h_m^{(2)'}(x_1) + C_{2m} h_m^{(2)''}(x_1)} \tag{4.15}$$

为求解式(4.15)中的 A_m 的具体表达式，考虑函数 j_m、n_m 和 $h_m^{(2)}$ 具有如下性质：

$$\begin{cases} j_m|_{x\to 0} \approx \dfrac{x^m}{\overline{m}(2m+1)} \\[3mm] j'_m|_{x\to 0} \approx \dfrac{m}{x} j_m(x) \\[3mm] j''_m|_{x\to 0} \approx \dfrac{m(m-1)}{x^2} j_m(x) \end{cases} \qquad \begin{cases} h_m^{(2)}|_{x\to 0} \approx \mathrm{j}\,\dfrac{\overline{m}}{x^{m+1}} \\[3mm] h_m^{(2)'}|_{x\to 0} \approx -\dfrac{m+1}{x} h_m^{(2)}(x) \\[3mm] h_m^{(2)''}|_{x\to 0} \approx \dfrac{(m+1)(m+2)}{x} h_m^{(2)}(x) \end{cases}$$

$$\begin{cases} j_0 = \dfrac{\sin x}{x} \\[2mm] j_0' = \left(\dfrac{1}{\tan x} - \dfrac{1}{x}\right) j_0 \\[2mm] j_0'' = \left[\left(\dfrac{2}{x^2} - 1\right) - \dfrac{2}{x}\dfrac{1}{\tan x}\right] j_0 \end{cases} \quad \begin{cases} h_0^{(2)} = \dfrac{1}{x}\mathrm{e}^{\mathrm{j}\left(\frac{\pi}{2}-x\right)} \\[2mm] h_0^{(2)'} = \left(-\dfrac{1}{x} - \mathrm{j}\right) h_0^{(2)} \\[2mm] h_0^{(2)''} = \left(\dfrac{2}{x^2} + \dfrac{2\mathrm{j}}{x} - 1\right) h_0^{(2)} \end{cases} \tag{4.16}$$

式中，$\bar{m} = 1 \times 3 \times 5 \times \cdots \times (2m-1)$，且 $\bar{0} = 1$。因为 x_1 很小，可认为 $x_1 \to 0$，所以当 $m > 0$ 时，将式(4.16)中相关项代入式(4.15)得

$$A_m = \frac{\mathrm{j}(k_1 R_0)^{2m+1}}{\bar{m}(m+1)} \frac{1 - \dfrac{m}{\rho_1 \omega}\left(\dfrac{2\sigma}{\omega R_0^3} + \dfrac{\rho_g \omega}{m}\right) + \dfrac{2\mu}{\mathrm{j}\rho_1}\dfrac{m(m-1)}{\omega R_0^2}}{1 + \dfrac{m+1}{\rho_1 \omega}\left(\dfrac{2\sigma}{\omega R_0^3} + \dfrac{\rho_g \omega}{m}\right) + \dfrac{2\mu}{\mathrm{j}\rho_1}\dfrac{2\mu(m+1)(m+2)}{\omega R_0^2}} \tag{4.17}$$

如果不考虑液体的表面张力和黏滞性等小项，得

$$A_m \approx \frac{\mathrm{j}x_1^{2m+1}}{\bar{m}(m+1)}, m > 0 \tag{4.18}$$

当 $m = 0$ 时，通过式(4.16)可以计算得到更精确的 C_{10} 和 A_0 值：

$$C_{10} = -\frac{2\sigma}{\omega R_0^2 \rho_1 c_1} - \frac{\rho_g c_g}{\rho_1 c_1}\frac{x_g \tan x_g}{x_g - \tan x_g} \approx -\frac{2\sigma}{\omega R_0^2 \rho_1 c_1} + \frac{3\rho_g c_g}{\rho_1 c_1 x_g} \approx \frac{3\rho_g c_g^2}{\rho_1 c_1^2 x_1} \tag{4.19}$$

$$A_0 \approx -\frac{x_1}{x_1 + \mathrm{j}\left(1 - \dfrac{3\rho_g c_g^2}{\rho_1 c_1^2}\dfrac{x_1^2 + 1}{x_1^2}\right)} \tag{4.20}$$

将式(4.18)、式(4.20)代入式(4.1)即得到气泡的散射声场，进而可求解气泡的散射声强。气泡球源辐射散射声场的声强可以表示如下：

$$I_s = \frac{1}{T_w}\int_0^{T_w} \mathrm{Re}(p_s)\mathrm{Re}(v_s)\mathrm{d}\tau = \mathrm{Aver}\left[\mathrm{Re}(p_s)\mathrm{Re}(v_s)\right] \tag{4.21}$$

T_w 为声波的周期，$\mathrm{Aver}[\ ]$ 表示对时间取平均，$\mathrm{Re}(\ )$ 表示取复数的实部，进而有：

$$I_s = \text{Aver}[\text{Re}(p_s)\text{Re}(v_s)] = \frac{1}{4}\text{Aver}(p_s v_s^* + p_s^* v_s) = \frac{1}{2}\text{Re}(p_s v_s^*)$$

$$(4.22)$$

顶标"$*$"表示共轭复数,有

$$p_s v_s^* = -\frac{\mathrm{j}p_a^2}{\rho_1 c_1}\sum_{m_2=0}^{\infty}\sum_{m_1=0}^{\infty}(2m_1+1)(2m_2+1)(-\mathrm{j})^{m_1}[(-\mathrm{j})^{m_2}]^*$$

$$A_{m_1}A_{m_2}^* h_{m_1}^{(2)}[h_{m_2}^{(2)'}]^* P_{m_1}P_{m_2}$$

$$(4.23)$$

将式(4.23)代入式(4.22)即得到单个气泡的散射声强。可见,I_s 在不同极角的值是不一样的。为了便于研究气泡散射声场在一定散射距离处的能量,将取 I_s 在气泡极轴的所有方向上的均值,并考虑 $h_m^{(2)}$ 与 j_m、n_m 的关系式,得到单个气泡散射声强的具体表达式:

$$I_s = \frac{1}{2}\text{Re}\left(\frac{1}{2}\int_{-1}^{1} p_s v_s^* \, \mathrm{d}x\right) = \frac{p_a^2}{2\rho_1 c_1}\sum_{m=0}^{\infty}(2m+1)\,|A_m|^2(j_m n_m' - j_m' n_m)$$

$$(4.24)$$

可见散射声场的声强是由无穷多阶组成的,实际上其中声场能量主要集中在 $m=0$ 时的零阶对称脉动模式,故而可将零阶散射声场作为 I_s 的近似,表达式如下:

$$I_s \approx \frac{p_a^2\,|A_0|^2}{2\rho_1 c_1(k_1 r)^2} = \frac{p_a^2}{2\rho_1 c_1}\frac{x_1^2}{x_1^2 + \left(1 - \frac{3\rho_g c_g^2}{\rho_1 c_1^2}\frac{x_1^2+1}{x_1^2}\right)^2}\frac{1}{(k_1 r)^2} \quad (4.25)$$

进而可得到零阶散射声场的散射截面积及其与气泡几何表面积的比值分别为

$$\sigma_s = \frac{4\pi r^2 I_s}{I_i} = \frac{4\pi R_0^2}{x_1^2 + \left(1 - \frac{3\rho_g c_g^2}{\rho_1 c_1^2}\frac{x_1^2+1}{x_1^2}\right)^2} \quad (4.26)$$

$I_i = p_a^2/(2\rho_1 c_1)$ 为入射声场的声强。从式(4.26)中可见气泡的声散射截面积与气泡表面积相关,气泡的共振条件为

$$1 - \frac{3\rho_g c_g^2}{\rho_1 c_1^2}\frac{x_1^2+1}{x_1^2} = 0 \quad (4.27)$$

由此可得共振半径、共振频率、共振时的声强和散射截面积分别为

$$R_{\mathrm{s}} = \cfrac{1}{k_1 \sqrt{\cfrac{\rho_1 c_1^2}{3\rho_{\mathrm{g}} c_{\mathrm{g}}^2} - 1}}, \quad \omega_{\mathrm{s}} = \cfrac{c_1}{R_0 \sqrt{\cfrac{\rho_1 c_1^2}{3\rho_{\mathrm{g}} c_{\mathrm{g}}^2} - 1}}, \quad I_{\mathrm{s}} = \cfrac{I_{\mathrm{i}}}{(k_1 r)^2}, \quad \sigma_{\mathrm{s}} = \cfrac{4\pi}{k_1^2} \quad (4.28)$$

综上,分别得到单个气泡的散射声场表达式(4.1)、式(4.18)、式(4.20),散射声强表达式(4.24)、式(4.25),散射截面积表达式(4.26),各共振物理量式(4.28)。

4.1.1.2　散射模型的数值模拟

上一节在求解散射声强的过程中,将声强对不同极角进行了平均,并将零阶散射声场作为 I_{s} 的近似。为验证这一推导方法的可行性,首先数值分析散射极角、气泡半径、海水深度和入射声场频率等对单个气泡散射声场 p_{s} 的各阶散射分量的影响,散射分量由式(4.1) p_{s} 表达式的求和项中各阶分量求得。最后为研究单个气泡的共振特性,分析不同入射声场频率对气泡共振半径和散射截面积的影响。其中,散射极角取 $0° \sim 180°$,海水深度取 $0 \sim 200\ \mathrm{m}$,气泡半径取 $0 \sim 1\,000\ \mu\mathrm{m}$,入射声场频率取 $5 \sim 35\ \mathrm{kHz}$。

图 4.2 为单个气泡在不同条件下零阶到三阶散射分量的模,纵坐标均为对数坐标。可见,散射分量的阶数越高,模将按大比例急剧减小,零阶散射分量的模远远大于其他各阶散射分量,验证了可以采用零阶散射分量近似表征气泡散射声场。并且,高阶散射分量的模在不同极角处的值近似呈现周期性的变化,阶数越高周期越短,而零阶散射分量在不同极角处的值是一致的,因此可以通过对 I_{s} 在不同极角处的平均来表征散射声强。

图 4.3 所示为不同入射声场频率下气泡散射截面积 σ_{s} 与几何表面积 $S = 4\pi R^2$ 之比。可见,对同一入射声场频率,不同半径的 σ_{s}/S 值是不一样的,并且存在一个峰值,峰值所对应的气泡半径即为此入射声场频率下的共振半径 R_{s}。入射声场的频率越大,共振半径越小;并且在共振半径的左侧,入射声场频率越大则 σ_{s}/S 值越大,在共振半径的右侧则相反。图 4.4 为不同入射声场频率下气泡的共振半径,可见随着气泡所处海水深度的增加,相同入射声场频率下的共振半径也逐渐增加,入射声场频率越大,共振半径随深度的增长速度也越快;海水越深,气泡的共振频率也将越高。

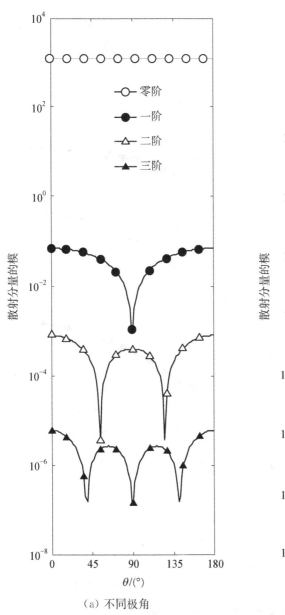

（a）不同极角

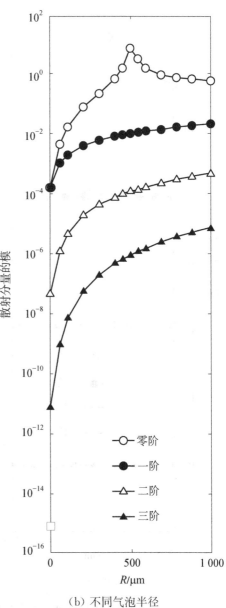

（b）不同气泡半径

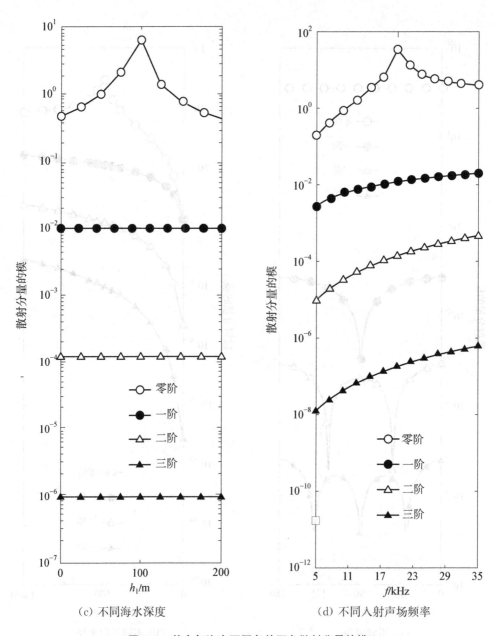

（c）不同海水深度   （d）不同入射声场频率

图 4.2   单个气泡在不同条件下各散射分量的模

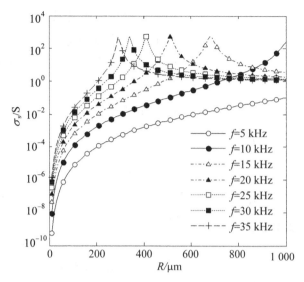

图 4.3　不同入射声场频率下气泡散射截面积与几何表面积之比

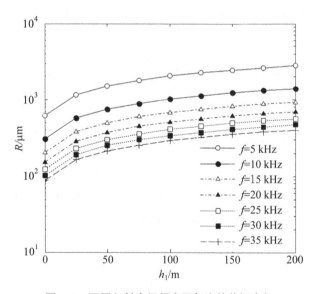

图 4.4　不同入射声场频率下气泡的共振半径

4.1.2　气泡群的多体多次散射模型

由于含气泡液体中单个气泡的散射声场会成为其他气泡新的入射声源,从而会在气泡之间发生多次散射的过程,具有多体多次散射的现象。因此含气泡液体的散射声场不能仅仅看作各个气泡散射声场的直接叠加,而应该考虑气泡之间的

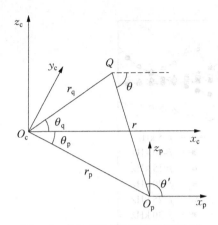

图 4.5　多体多次散射坐标系示意图

声散射相互作用关系。为此首先建立图 4.5 所示坐标系:坐标系 O_c 为建立在气泡群中心的随动坐标系,坐标系 O_p 为建立在空间某点 P 的惯性坐标系,Q 为气泡群中某点位置。则有几何关系:

$$r_p \cos\theta_p = r_q \cos\theta_q + r\cos\theta \quad (4.29)$$

P 和 Q 在坐标系 O_c 中的坐标分别为 (x_p, y_p, z_p) 和 (x_q, y_q, z_q),则 Q 在坐标系 O_p 中的坐标为 $(x'_q, y'_q, z'_q) = (x_q - x_p, y_q - y_p, z_q - z_p)$。在坐标系 O_c 中,在 Q 点的入射平面波可表示为

$$p_{i,q} = p_a e^{j\omega\tau} e^{-jk_1 x_q} = p_a e^{j\omega\tau} e^{-jk_1 r_q \cos\theta_q} \quad (4.30)$$

若只考虑零阶脉动模式下的一次散射,则 Q 处的气泡在 P 点的散射声场为

$$p_{s,p} = p_a e^{j\omega\tau} e^{-jk_1 r_q \cos\theta_q} A_0 h_0^{(2)}(k_1 r) \quad (4.31)$$

因此,Q 处单位体积内所有气泡在 P 点形成的一次声场为

$$\int_0^\infty n p_{s,p} \mathrm{d}R_0 = p_a e^{j\omega\tau} e^{-jk_1 r_q \cos\theta_q} h_0^{(2)}(k_1 r) \int_0^\infty n A_0 \mathrm{d}R_0 \quad (4.32)$$

式中,n 为任意气泡数密度分布,是 R_0 的函数。气泡群中体积微分的表示方法如下:

$$\mathrm{d}V = \mathrm{d}x'_q \mathrm{d}y'_q \mathrm{d}z'_q = r^2 \sin^2\theta \, \mathrm{d}r \mathrm{d}\theta \mathrm{d}\varphi \quad (4.33)$$

式中,$\mathrm{d}V$ 为直角坐标系,$\mathrm{d}x'_q \mathrm{d}y'_q \mathrm{d}z'_q$ 为球坐标系,各坐标量的取值范围取决于气泡群的规模特征,以及 P 点与气泡群的相对位置:

$$\begin{cases} r_{min} \leqslant r \leqslant r_{max} \\ \theta_{min} \leqslant \theta \leqslant \theta_{max} \\ \varphi_{min} \leqslant \varphi \leqslant \varphi_{max} \end{cases} \quad \begin{cases} x_{min} \leqslant x'_q \leqslant x_{max} \\ y_{min} \leqslant y'_q \leqslant y_{max} \\ z_{min} \leqslant z'_q \leqslant z_{max} \end{cases} \quad (4.34)$$

球坐标系下,气泡群中所有气泡在 P 点形成的一次散射声场为

$$p_s^{(1)} = \iiint \left(\int_0^\infty n p_{s,p} \mathrm{d}R_0 \right) \mathrm{d}V = \int_{\varphi_{min}}^{\varphi_{max}} \int_{\theta_{min}}^{\theta_{max}} \int_{r_{min}}^{r_{max}} \left[\left(\int_0^\infty n p_{s,p} \mathrm{d}R_0 \right) r^2 \sin^2\theta \right] \mathrm{d}r \mathrm{d}\theta \mathrm{d}\varphi$$

$$= p_a e^{j\omega\tau} e^{-jk_1 r_p \cos\theta_p} \int_{\varphi_{min}}^{\varphi_{max}} \int_{\theta_{min}}^{\theta_{max}} \int_{r_{min}}^{r_{max}} \left[e^{jk_1 r\cos\theta} r^2 h_0^{(2)}(k_1 r) \sin^2\theta \left(\int_0^\infty n A_0 \mathrm{d}R_0 \right) \right] \mathrm{d}r \mathrm{d}\theta \mathrm{d}\varphi$$

$$(4.35)$$

若气泡群近似为半径 L_g、高 H 的柱体,则在直角坐标系下的散射声场为

$$p_s^{(1)} = p_a e^{j\omega\tau} e^{-jk_1 r_p \cos\theta_p} \int_{z_{min}}^{z_{max}} \int_{y_{min}}^{y_{max}} \int_{x_{min}}^{x_{max}} \left[e^{-jk_1 x_q'} h_0^{(2)}(k_1 r) \left(\int_0^\infty n A_0 dR_0 \right) \right] dx_q' dy_q' dz_q'$$

(4.36)

其中 $r^2 = x_q'^2 + y_q'^2 + z_q'^2$,且:

$$\begin{cases} x_{min} = -\sqrt{L_g^2 - (y_q' + y_q)^2} - x_p \\ x_{max} = \sqrt{L_g^2 - (y_q' + y_q)^2} - x_p \end{cases} \quad \begin{cases} y_{min} = -L_g - y_p \\ y_{max} = L_g - y_p \end{cases} \quad \begin{cases} z_{min} = -H/2 - z_p \\ z_{max} = H/2 - z_p \end{cases}$$

(4.37)

式(4.36)为含气泡液体在空间某点 P 的一次散射声场的球坐标系表达式,式(4.37)为柱形含气泡液体散射声场的直角坐标系表达式。特别地,对无限空间中气泡群的多体多次散射模型求解,可得其散射声场 p_s 和等效入射声场 p_i' 分别为

$$p_s = \frac{k_1^3}{k_1^3 - j\pi \int_0^\infty A_0 n dR_0} p_a e^{j\omega\tau} e^{-jk_1 r_p \cos\theta_p}, \quad p_i' = \frac{k_1^3}{k_1^3 - j\pi \int_0^\infty A_0 n dR_0} p_a e^{j\omega\tau}$$

(4.38)

值得提出的是,式(4.34)和式(4.35)是为声场垂直入射含气泡液体侧面的情况,而当入射声场以入射角 θ_i 斜入射时,则其散射声场表达式分别为

$$p_s^{(1)} = p_a e^{j\omega\tau} e^{-jk_1 r_p \cos\theta_p / \cos\theta_i} \int_{\varphi_{min}}^{\varphi_{max}} \int_{\theta_{min}}^{\theta_{max}} \int_{r_{min}}^{r_{max}} \left[e^{jk_1 r\cos\theta / \cos\theta_i} r^2 h_0^{(2)}(k_1 r) \sin^2\theta \left(\int_0^\infty n A_0 dR_0 \right) \right] dr d\theta d\varphi$$

(4.39)

$$p_s^{(1)} = p_a e^{j\omega\tau} e^{-jk_1 r_p \cos\theta_p / \cos\theta_i} \int_{z_{min}}^{z_{max}} \int_{y_{min}}^{y_{max}} \int_{x_{min}}^{x_{max}} \left[e^{-jk_1 x_q' / \cos\theta_i} h_0^{(2)}(k_1 r) \left(\int_0^\infty n A_0 dR_0 \right) \right] dx_q' dy_q' dz_q'$$

(4.40)

4.2　舰船尾流场声透射模型研究

声波吸收和声速频散是声透射理论研究的两大主要内容。对含气泡液体而言,气泡壁在声场的作用下周期性地振动,使部分声能转化为气泡壁面的振动动能和泡内气体与周围海水之间摩擦产生的热能。当气泡数密度较大时,可以根据等

效媒质思想将含气泡液体看作是一种低密度液体。因此本节首先采用等效媒质的方法，推导含气泡液体的复声速表达式，进而得到含气泡液体的声吸收系数和声波的相速度，作为含气泡液体的声透射基本理论模型，为进一步研究跃变区的声透射特性作铺垫。此外，根据后文跃变区在远场条件下具有球源辐射特性这一规律，本节另采用等效球源辐射的思想，给出球形或具有球源辐射特性的含气泡液体的声透射模型，以作为气泡球源声辐射理论在透射方面的系统补充。

4.2.1 基于等效媒质思想的透射模型

研究气泡群的声透射，主要是研究其对声波的吸收和气泡群中声速的频散特性。将含气泡液体看作声速为 c_{eq}、密度为 ρ_{eq} 的等效媒质，声波在入射到这一媒质的界面时，会发生反射和透射现象，透射声场记为 p_{eq}。当声场的能量较小时可认为是小振幅声波，其振动满足绝热过程，则声速的计算公式为

$$c_{eq}^2 = \frac{\mathrm{d}p_{eq}}{\mathrm{d}\rho_{eq}} = \frac{\mathrm{d}p_{eq}}{\mathrm{d}\tau} \bigg/ \frac{\mathrm{d}\rho_{eq}}{\mathrm{d}\tau} \tag{4.41}$$

任意选取含气泡液体中质量不变、体积为 V 的某一控制体微团，其中包含气体总体积为 V_g。微团的含义是微团尺度相对于声波波长足够小，而在相对于气泡间距离足够大。当气泡数密度较大时这样的微团可认为是存在的，对于单位体积中气泡总数大于 10^7 量级的气泡群，可取 $V = 1\,\mathrm{cm}^3$。其中，微团的密度也即等效媒质的密度为

$$\rho_{eq} = \frac{\rho_g V_g + \rho_1(V - V_g)}{V} = \rho_g \chi_{eq} + \rho_1(1 - \chi_{eq}) \tag{4.42}$$

由于微团的质量不变，有

$$\rho_{eq} \frac{\mathrm{d}V}{\mathrm{d}\tau} + V \frac{\mathrm{d}\rho_{eq}}{\mathrm{d}\tau} = 0 \tag{4.43}$$

联立式(4.41)、式(4.43)有

$$c_{eq}^2 = -\left(V \frac{\mathrm{d}p_{eq}}{\mathrm{d}\tau}\right) \bigg/ \left(\rho_{eq} \frac{\mathrm{d}V}{\mathrm{d}\tau}\right) \tag{4.44}$$

该控制体微团的体积可表示为液体体积和气体体积的和 $V = V_1 + V_g$，所以有

$$\frac{\mathrm{d}V}{\mathrm{d}\tau} = \frac{\mathrm{d}V_1}{\mathrm{d}\tau} + \frac{\mathrm{d}V_g}{\mathrm{d}\tau} \tag{4.45}$$

所以含气泡液体的等效复声速为

$$c_{eq}^2 = -\frac{1}{\rho_{eq}}\frac{\mathrm{d}p_{eq}}{\mathrm{d}\tau}\frac{V}{\dfrac{\mathrm{d}V_1}{\mathrm{d}\tau}+\dfrac{\mathrm{d}V_g}{\mathrm{d}\tau}} \tag{4.46}$$

又因为在液体中的声速可表示为

$$c_1^2 = -\left(V_1\frac{\mathrm{d}p_{eq}}{\mathrm{d}\tau}\right)\Big/\left(\rho_1\frac{\mathrm{d}V_1}{\mathrm{d}\tau}\right) \approx -\left(V\frac{\mathrm{d}p_{eq}}{\mathrm{d}\tau}\right)\Big/\left(\rho_1\frac{\mathrm{d}V_1}{\mathrm{d}\tau}\right) \tag{4.47}$$

所以有

$$c_{eq}^2 = \frac{1}{\dfrac{\rho_{eq}}{\rho_1 c_1^2} - \left(\rho_{eq}\dfrac{\mathrm{d}V_g}{\mathrm{d}\tau}\right)\Big/\left(V\dfrac{\mathrm{d}p_{eq}}{\mathrm{d}\tau}\right)} \tag{4.48}$$

求解 $\dfrac{\mathrm{d}V_g}{\mathrm{d}\tau}$，对半径为 R 的气泡而言，其体积微分为

$$\frac{\mathrm{d}V_b}{\mathrm{d}\tau} = 4\pi R^2\frac{\mathrm{d}R}{\mathrm{d}\tau} = 4\pi R^2 v_r\mid_{r=R} \tag{4.49}$$

为简化计算，假定在控制体微团处的入射声场即为 $p_a \mathrm{e}^{\mathrm{j}\omega\tau}$。对跃变区而言，其内部的透射声场 p_{eq} 是由入射声场和气泡的多体多次散射声场组成的。当含气泡液体的规模尺度远远大于气泡间距时，可采用式(4.39)无限空间中气泡群的多体多次散射模型来描述含气泡液体中的零阶透射声场 p_{eq}，即

$$p_{eq} = \frac{k_1^3}{k_1^3 - \mathrm{j}\pi\displaystyle\int_0^\infty A_0 n\,\mathrm{d}R_0}p_a \mathrm{e}^{\mathrm{j}\omega\tau} \tag{4.50}$$

因此，对单个气泡若只考虑零阶散射，则：

$$v_r\mid_{r=R} = -\frac{k_1^3 p_a \mathrm{e}^{\mathrm{j}\omega\tau}}{k_1^3 - \mathrm{j}\pi\displaystyle\int_0^\infty A_0 n\,\mathrm{d}R_0}\frac{k_1}{\mathrm{j}\omega\rho_1}[j_0'(x_1) + A_0 h_0^{(2)'}(x_1)] \tag{4.51}$$

由于控制体微团在气泡分布尺度上足够大，所以微团的气泡数密度分布为 V_n，故而所包含的气体体积的微分为

$$\frac{\mathrm{d}V_g}{\mathrm{d}\tau} = \int_0^\infty \frac{\mathrm{d}V_b}{\mathrm{d}\tau}V_n\,\mathrm{d}R = -\frac{k_1^3 p_a \mathrm{e}^{\mathrm{j}\omega\tau}}{k_1^3 - \mathrm{j}\pi\displaystyle\int_0^\infty A_0 n\,\mathrm{d}R_0}\frac{4\pi k_1 VG}{\mathrm{j}\omega\rho_1} \tag{4.52}$$

其中：

$$G = \int_0^\infty R^2 [j_0'(x_1) + A_0 h_0^{(2)\prime}(x_1)] n \, dR \qquad (4.53)$$

此外透射声场的时间微分为

$$\frac{dp_{eq}}{d\tau} = \frac{j\omega k_1^3}{k_1^3 - j\pi \int_0^\infty A_0 n \, dR_0} p_a e^{j\omega\tau} \qquad (4.54)$$

将式(4.52)、式(4.54)代入式(4.49)得

$$c_{eq}^2 = \frac{1}{\rho_{eq}} \frac{k_1 \rho_1 c_1^2}{k_1 - 4\pi G} \qquad (4.55)$$

则气泡群中的吸收系数 η 和声波相速度 c 可分别表示为

$$\eta = -20 \lg_{10}(e)\omega \, \mathrm{Im}\left(\frac{c_1}{c_{eq}}\right) \Big/ c_1 = 20 \lg_{10}(e)\omega \frac{\mathrm{Im}(c_{eq})}{|c_{eq}|^2} \qquad (4.56)$$

$$c = c_1 \Big/ \mathrm{Re}\left(\frac{c_1}{c_{eq}}\right) = \frac{|c_{eq}|^2}{\mathrm{Re}(c_{eq})} \qquad (4.57)$$

式(4.56)～式(4.57)即为含气泡液体透射声场的声波相速度和声吸收系数解算模型。Commander 对具有不同气体体积分数和气泡分布的气泡群的声透射参数试验进行了整理和理论分析，图 4.6 采用其中几种气泡群的试验数据，来验证式(4.56)～(4.57)的声透射模型的可靠性。图中气泡群分布均为平均分布，圆点和三角点为试验数据，曲线为根据式(4.56)～(4.58)得到的理论数据。可见，试验数据与理论数据在 $1 \sim 100\,\mathrm{kHz}$ 的频率范围内拟合较好。

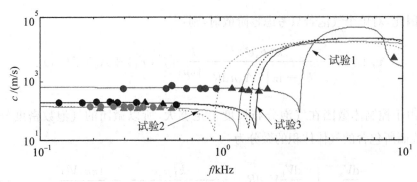

(a) 声速验证[试验 1：$\chi = 0.0377\%$，$R = 1.07\,\mathrm{mm}$；试验 2：$\chi = 0.53\%$，$R = 2.13\,\mathrm{mm}$（圆点），$R = 2.32\,\mathrm{mm}$（三角）；试验 3：$\chi = 1\%$，$R = 2.68\,\mathrm{mm}$（圆点），$R = 3.64\,\mathrm{mm}$（三角）]

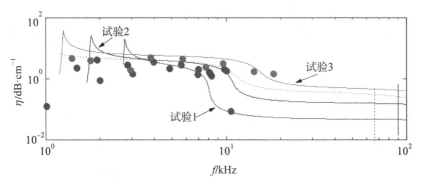

（b）声吸收系数验证（试验 $1:\chi=0.0377\%$，$R=1.07\,\mathrm{mm}$；试验 $2:\chi=0.22\%$，$R=2.07\,\mathrm{mm}$；试验 $3:\chi=1\%$，$R=2.68\,\mathrm{mm}$）

图 4.6　声透射模型的验证

4.2.2　基于等效球源辐射思想的透射模型

4.2.1 节中建立了基于等效媒质思想的声透射模型，得到了含气泡液体吸收系数和声波相速度的表达式。该模型建立的条件是气泡数密度较大的情况，而对于低气泡数密度的含气泡液体将不再适用。作为声透射理论研究的补充，对于某些具有球形分布特点或球源辐射特性的含气泡液体，如下文得出的跃变区的远场散射情况，特别地，可以采用等效球源辐射的思想来求解该含气泡液体的声透射模型。

这时，气泡群可以等效看作为一个半径为 R_{eq} 的球形大气泡，该等效气泡的体积与原气泡群的体积相同，并具有与单个气泡相似的球源辐射特性。根据单个气泡的散射声场表达式，该等效大气泡的散射声场可表示如下，其中 A_{eq} 为 A_0 的等效参数：

$$p_s = p_a A_{\mathrm{eq}} h_0^{(2)}(k_1 r) \mathrm{e}^{\mathrm{j}\omega\tau} \tag{4.58}$$

对 A_{eq} 的计算，一方面可根据式（4.35）或式（4.36）计算得到；另一方面根据等效球源辐射思想，A_{eq} 与式（4.15）中的 A_0 应具有相同的形式，可将式（4.15）中的液体参数换为等效大气泡的相关参数得到。针对后一种方法，若记 k_{eq} 为等效大气泡中的波数，因为 R_{eq} 较大，不满足 $x_{\mathrm{eq}}=k_{\mathrm{eq}}R_{\mathrm{eq}}\ll1$，所以 A_0 的简化表达式（4.20）不再适用。根据式（4.15）有

$$A_0 = -\frac{K_1 j_0 - \dfrac{2\sigma}{kR_0^2} j_0' - j2\mu\omega j_0'' - K_g \dfrac{k_g}{k_1} \dfrac{x_g \tan x_g}{x_g - \tan x_g} j_0'}{K_1 h_0^{(2)} - \dfrac{2\sigma}{kR_0^2} h_0^{(2)'} - j2\mu\omega h_0^{(2)''} - K_g \dfrac{k_g}{k_1} \dfrac{x_g \tan x_g}{x_g - \tan x_g} h_0^{(2)'}}, \quad r = R_0$$

(4.59)

式中，$K_1 = \rho_1 c_1^2$ 和 $K_g = \rho_g c_g^2$ 分别为海水和气泡中气体的体积弹性系数，若记气泡群的等效体积弹性系数为 $K_{eq} = \rho_{eq} c_{eq}^2$，根据等效思想对气泡群有

$$A_{eq} = -\frac{K_1 j_0 - \dfrac{2\sigma}{k_1 R_{eq}^2} j_0' - j2\mu\omega j_0'' - K_{eq} \dfrac{k_{eq}}{k_1} \dfrac{x_{eq} \tan x_{eq}}{x_{eq} - \tan x_{eq}} j_0'}{K_1 h_0^{(2)} - \dfrac{2\sigma}{k_1 R_{eq}^2} h_0^{(2)'} - j2\mu\omega h_0^{(2)''} - K_{eq} \dfrac{k_{eq}}{k_1} \dfrac{x_{eq} \tan x_{eq}}{x_{eq} - \tan x_{eq}} h_0^{(2)'}}, \quad r = R_{eq}$$

(4.60)

此外气泡群中的等效波数可以表示为

$$k_{eq}^2 = \frac{\omega^2 \rho_{eq}}{K_{eq}} = \left(\frac{\omega}{c} - j\eta\right)^2$$

(4.61)

可见只需求出 k_{eq} 或 x_{eq}，即可得到声吸收系数和声波的相速度。因此联立式(4.60)、式(4.61)消去 K_{eq}，并将 k_{eq} 转换为 x_{eq}，得

$$\frac{\tan x_{eq}}{x_{eq} - \tan x_{eq}} = \frac{K_1 k_1 [j_0 + A_{eq} h_0^{(2)}] - j2\mu\omega k_1 [j_0'' + A_{eq} h_0^{(2)''}]}{\omega^2 \rho_{eq} R_{eq} [j_0' + A_{eq} h_0^{(2)'}]} - \frac{2\sigma}{\rho_{eq} \omega^2 R_{eq}^3}, \quad r = R_{eq}$$

(4.62)

解算出式(4.62)中的 x_{eq}，即可根据式(4.61)进一步得到含气泡液体的 η 和 c 值，其中 A_{eq} 根据气泡群的具体数密度分布由式(4.35)计算得到。x_{eq} 的解应当满足条件：

$$\mathrm{Im}(x_{eq}) < 0 < \mathrm{Re}(x_{eq})$$

(4.63)

须注意的是，式(4.62)有多个解，考虑在气体体积分数不大的情况下，$x_{eq} = k_{eq} R_{eq}$ 应当存在于 $k_1 R_{eq}$ 的附近，故而可将 $k_1 R_{eq}$ 作为迭代初始值，构造迭代函数来进行求解。因此构造如式(4.64)所示迭代函数，并通过迭代求解函数的不动点，可解算出 x_{eq} 的具体数值，该函数的构造形式考虑了迭代的收敛性：

$$\Phi(x_{eq}) = x_{eq} - \left(1 + \frac{1}{\varphi}\right) \tan x_{eq}$$

(4.64)

$$\varphi = \frac{K_1 k_1 \left[j_0(k_1 R_{eq}) + A_{eq} h_0^{(2)}(k_1 R_{eq}) \right] - j 2\mu\omega k_1 \left[j_0''(k_1 R_{eq}) + A_{eq} h_0^{(2)''}(k_1 R_{eq}) \right]}{\omega^2 \rho_{eq} R_{eq} \left[j_0'(k_1 R_{eq}) + A_{eq} h_0^{(2)'}(k_1 R_{eq}) \right]} -$$

$$\frac{2\sigma}{\rho_{eq} \omega^2 R_{eq}^3} \tag{4.65}$$

4.3 舰船尾流场声传播模型研究

根据 4.1 节和 4.2 节分别得到的气泡群声散射与声透射的一般理论模型,结合第 2 章有关跃变区形状规模和气泡分布特征的结论,可进一步推导得到跃变区的声传播理论模型。其中,考虑跃变区对声传播的干扰作用通常针对的是距离跃变区较远的水声对抗设备,并且跃变区近场的声散射计算及其特性较为复杂,因此本节在解算跃变区的散射模型时,仅考虑跃变区的远场声散射情况,远场的含义是指到跃变区的距离远远大于跃变区规模尺度的空间范围,为研究跃变区对声波传播的具体干扰特性以及对声呐的综合干扰作用做铺垫。

4.3.1 声波的散射模型

重新定义含气泡液体在斜入射声场下的一次散射模型:

$$p_s^{(1)} = p_a e^{j\omega\tau} e^{-jk_1 r_p \cos\theta_p / \cos\theta_i} \int_{z_{min}}^{z_{max}} \int_{y_{min}}^{y_{max}} \int_{x_{min}}^{x_{max}} \left[e^{-jk_1 x_q' / \cos\theta_i} h_0^{(2)}(k_1 r) \left(\int_0^\infty n A_0 \mathrm{d}R_0 \right) \right] \mathrm{d}x_q' \mathrm{d}y_q' \mathrm{d}z_q' \tag{4.66}$$

为求解上式,根据第 2 章研究结论,跃变的形状近似为圆柱形,在跃变区上浮的初始阶段,跃变区中不同位置的气泡分布通过气泡总数、总表面积、总体积不变的等效条件可看作处处相等的伽马分布。若:

$$D_1 = \int_0^\infty n_{eq} A_0 \mathrm{d}R_0 \tag{4.67}$$

$$D_2 = \int_{z_{min}}^{z_{max}} \int_{y_{min}}^{y_{max}} \int_{x_{min}}^{x_{max}} \left[e^{-jk_1 x_q' / \cos\theta_i} h_0^{(2)}(k_1 r) \right] \mathrm{d}x_q' \mathrm{d}y_q' \mathrm{d}z_q' \tag{4.68}$$

则 D_1 是一个与空间某点 P 和气泡群之间相对位置无关的量。下面分别求解 D_1 和 D_2。首先对 A_0 进行化简,考虑海水表面张力和黏滞特性,有

$$A_0 \approx j x_1^3 \frac{K_1 - K_g + \dfrac{2\sigma}{3R_0} + j\,\dfrac{2}{3}\mu\omega}{x_1^2 K_1 - 3K_g + \dfrac{2\sigma}{R_0} - j\,4\mu\omega} \tag{4.69}$$

将式(4.69)代入式(4.67)中求解 D_1 仍然较为复杂,考虑 $x_1 \ll 1$ 以及伽马分布的积分性质,可将 A_0 在零点附近进行泰勒展开。当 R_0 不大于 $1\,000\ \mu\mathrm{m}$ 时,可得较为精确的四阶近似为

$$A_0 = a_1 x_1^3 \left(\frac{1}{a_2} - \frac{x_1^2}{a_2^2} + \frac{x_1^4}{a_2^3} \right) \tag{4.70}$$

其中:

$$\begin{cases} a_1 = \dfrac{j}{K_1}\left(K_1 - K_b + \dfrac{2\sigma}{3R_0} + j\,\dfrac{2}{3}\mu\omega \right) \approx \dfrac{j}{K_1}\left(K_1 - K_b + j\,\dfrac{2}{3}\mu\omega \right) \\[3mm] a_2 = \dfrac{1}{K_1}\left(-3K_b + \dfrac{2\sigma}{R_0} - j\,4\mu\omega \right) \approx -\dfrac{1}{K_1}(3k_b + j\,4\mu\omega) \end{cases} \tag{4.71}$$

则

$$D_1 \approx \frac{a_1 N_{\mathrm{eq}} k_1^3 \beta_{\mathrm{eq}}^3}{a_2 \pi r_{\mathrm{py}}^2 H_{\mathrm{eq}} \Gamma(\alpha_{\mathrm{eq}})} \left[\Gamma(\alpha_{\mathrm{eq}} + 3) - \frac{k_1^2 \beta_{\mathrm{eq}}^2 \Gamma(\alpha_{\mathrm{eq}} + 5)}{a_2} + \frac{k_1^4 \beta_{\mathrm{eq}}^4 \Gamma(\alpha_{\mathrm{eq}} + 7)}{a_2^2} \right] \tag{4.72}$$

D_2 的表达式是一个极其复杂的三重积分式,在考虑远场散射的情况下可以对其做一些适当的近似。远场条件下,P 点与气泡群的距离远远大于气泡群的形状规模参数,所以 $x_q' \approx -x_p$;由于入射声场的入射反方向通常为水声设备所处的方位,因此可首要关注跃变区在声波入射方向上的声散射,故而可认为 $y_p \ll x_p$,$z_q \ll x_p$,$r^2 \approx x_q'^2 + z_q'^2$。通过以上两点近似可将 D_2 的表达式化简为双重积分的形式,但仍较为复杂。为此不妨首先求解跃变区在 $z_p = s x_p$ 平面上的声散射特性,从而进一步将 D_2 转化为一次积分的形式,s 为任意比例系数。于是:

$$\frac{-\sqrt{1 + s^2}\,x_q' - r}{r} \approx \frac{\left(\dfrac{z_p}{x_p}\right)^2 - \left(\dfrac{z_q'}{x_q'}\right)^2}{(\sqrt{1 + s^2}\,x_q + r)\sqrt{1 + \left(\dfrac{z_q'}{x_q'}\right)^2}} \approx \tag{4.73}$$

$$\frac{2\,\dfrac{z_q}{x_p}\,s}{(\sqrt{1 + s^2}\,x_q + r)\sqrt{1 - 2\,\dfrac{z_q}{x_p}\,s + s^2}} \to 0$$

$r \approx -\sqrt{1+s^2}\, x'_q$，且因为 $\cos\theta_p \approx 1/\sqrt{1+s^2}$，有

$$e^{-jk_1 x'_q/\cos\theta_i} h_0^{(2)}(k_1 r) = \frac{j}{k_1 r} e^{-jk_1(x'_q/\cos\theta_i + r)} \approx -\frac{j\cos\theta_p}{k_1 x_p} e^{jk_1 x_p(1/\cos\theta_i - 1/\cos\theta_p)} \quad (4.74)$$

代入式(4.68)得

$$D_2 \approx -\frac{j\pi r_{py}^2 H_{eq}\cos\theta_p}{k_1 x_p} e^{jk_1 x_p(1/\cos\theta_i - 1/\cos\theta_p)} \quad (4.75)$$

进一步气泡群在 P 点的一次零阶散射声场：

$$p_s^{(1)} = p_a D_1 D_2 e^{j\omega\tau} e^{-jk_1 r_p \cos\theta_p/\cos\theta_i} = -\frac{j\pi r_{py}^2 H_{eq} D_1}{k_1} \frac{p_a e^{-jk_1 r_p} e^{j\omega\tau}}{r_p} \quad (4.76)$$

同理可得到在 P 点 m 次的零阶散射声场为

$$p_s^{(m)} = (D_1 D_2)^m p_a e^{j\omega\tau} e^{-jk_1 x_p/\cos\theta_i} \quad (4.77)$$

声场经多次散射后达到稳定状态，所以气泡群在 P 点的零阶散射声场为

$$p_s = \sum_{m=1}^{\infty} p_s^{(m)} = \frac{D_1 D_2}{1 - D_1 D_2} p_a e^{j\omega\tau} e^{-jk_1 x_p/\cos\theta_i} \quad (4.78)$$

在远场情况下有 $p_s \approx p_s^{(1)}$。 可见，跃变区在远场的散射声场是一个与声波入射方向无关的物理量，具有球源辐射特性，这也是研究基于等效球源辐射思想的声透射模型的原因。由于：

$$p_s \bar{v}_s = -p_s \overline{\frac{1}{j\omega\rho_1} \frac{\partial p_s}{\partial r_p}} = -\frac{j}{\omega\rho_1}\left(jk_1 - \frac{1}{r_p}\right)|p_s|^2 \quad (4.79)$$

跃变区的远场散射声强与散射截面积分别为

$$I_s = \frac{1}{2}\mathrm{Re}(p_s \bar{v}_s) = I_i \frac{\pi^2 r_{py}^4 H_{eq}^2 |D_1|^2}{k_1^2 r_p^2} \quad (4.80)$$

$$\sigma_s = \frac{4\pi r_p^2 I_s}{I_i} = \frac{4\pi^3 r_{py}^4 H_{eq}^2 |D_1|^2}{k_1^2} \quad (4.81)$$

4.3.2　声波的透射模型

根据研究结果，求解跃变区的声透射模型，基于等效媒质思想的声透射理论，只需求解定义变量 G 的具体表达式；基于等效球源辐射思想的声透射理论，只需

求解等效系数 A_{eq} 的具体表达式。

针对跃变区的 G 的表达式如下：

$$G = \int_0^\infty R^2 \left[j_0'(x_1) + A_0 h_0^{(2)'}(x_1) \right] \frac{N_{eq}}{\pi r_{py}^2 H_{eq}} \frac{R^{\alpha_{eq}-1} e^{-R/\beta_{eq}}}{\beta_{eq}^{\alpha_{eq}} \Gamma(\alpha_{eq})} dR \qquad (4.82)$$

可计算得到 $G = G_1 + G_2$：

$$
\begin{cases}
G_0 = \dfrac{a_1 N_{eq}}{\pi r_{py}^2 k_1^2 H_{eq} \beta_{eq}^{\alpha_{eq}-2} (1 + jk_1\beta_{eq})^{\alpha_{eq}}} \\[3mm]
G_1 = -\dfrac{k_1 N_{eq}\beta_{eq}^3}{3\pi r_{py}^2 H_{eq}} \dfrac{\Gamma(\alpha_{eq}+3)}{\Gamma(\alpha_{eq})} \\[3mm]
G_2 = G_0 \left\{ \displaystyle\sum_{m=2}^4 \dfrac{1}{a_2^{m-1}} \left[\dfrac{(jk_1)^{2m}}{(1+jk_1\beta_{eq})^{2m}} \dfrac{\Gamma(\alpha_{eq}+2m)}{\Gamma(\alpha_{eq})} + \dfrac{(jk_1)^{2m-1}}{(1+jk_1\beta_{eq})^{2m-1}} \dfrac{\Gamma(\alpha_{eq}+2m-1)}{\Gamma(\alpha_{eq})} \right] \right\}
\end{cases}
$$

$$(4.83)$$

将式(4.83)联立式(4.56)～式(4.57)，即得到跃变区基于等效媒质思想的声透射模型。

根据式(4.58)和式(4.76)，对比可得系数 A_{eq} 为

$$A_{eq} = -\pi r_{py}^2 H_{eq} D_1 \qquad (4.84)$$

将式(4.84)联立式(4.63)～式(4.64)，即得跃变区基于等效球源辐射思想的声透射模型。总体上讲，等效媒质思想的声透射模型数值模拟的速度快，适用于气泡数密度较大的情况，等效球源辐射思想的声透射模型可适用于远场条件下任意气泡数密度的情况，数值模拟的速度则相对较慢，二者互为补充。

值得提出的是，以上得到的跃变区声散射和声透射模型都没有考虑海水本身对声波的吸收能力。若以 η_1 表示海水对声波的吸收系数，根据经验公式可表示为式(4.85)和式(4.86)，单位 dB/m。其中，$f_T = 21.9 \times 10^6 - 1520/T_1$ 为弛豫频率(kHz)，f 是声场频率(kHz)。式(4.85)适用于 3 kHz～0.5 MHz 的声场频率，式(4.86)适用于 100 Hz～3 kHz 的声场频率。

$$\eta_1 = 8.68 \left(2.34 \times 10^{-6} \frac{S_1 f_T f^2}{f_T^2 + f^2} + 3.38 \times 10^{-6} \frac{f^2}{f_T} \right) \left(1 - 6.54 \times 10^{-8} \frac{P_1}{g} \right)$$

$$(4.85)$$

$$\eta_1 = 10^{-3} \left(\frac{0.11 f^2}{1 + f^2} + \frac{44 f^2}{4100 + f^2} \right) \qquad (4.86)$$

若考虑海水对声波的吸收过程,则根据含气泡液体的声传播模型推导过程,跃变区的声传播模型只需对波数和海水声速做如下调整,而模型形式和其余参数均不变。

散射模型相关公式[式(4-79)、式(4-80)],透射模型相关公式[式(4-55)、式(4-56)、式(4-57)、式(4-64)、式(4-65)],以及相关定义参数 G、A_m、D_1 和 A_{eq} 的表达式[式(4-53)、式(4-59)、式(4-66)、式(4-83)],其中的波数和海水声速均分别更换复波数 k_1' 和复声速 c_1',表示如式(4.87)所示,并注意入射声强 $I_i = p_a^2 / (2\rho_1 c_1)$ 中的声速 c_1 是不需要改变的。

$$k_1' = k_1 - j\eta_1, \ c_1' = \frac{\omega}{k_1'} \tag{4.87}$$

4.4　本章小结

本章对含气泡液体,特别是尾流气泡消除区的声传播基本理论进行了较为全面的研究,主要研究内容及相应结论如下:

(1) 构建了含气泡液体的声散射基本模型,包括单个气泡的球源辐射模型和考虑多体多次散射现象的气泡群散射模型,并给出在任意角度入射声场下任意形状规模含气泡液体的一次声散射方程。分析了不同散射极角、气泡半径、海水深度和入射声场频率等对单个气泡散射声场各阶散射分量的影响,以及不同入射声场频率对气泡共振半径和散射截面积的影响。结论表明:散射分量的阶数越高,该分量的模将按大比例急剧减小,零阶散射分量的模远远大于其他各阶散射分量;高阶散射分量在不同极角处的模近似呈现周期性的变化,阶数越高周期越短,而零阶散射分量在不同极角处的模是一致的;入射声场的频率越大,共振半径越小;海水深度越深,相同入射声场频率下的共振半径也越大;入射声场频率越大,相同半径气泡的共振频率也将越高。

(2) 构建了含气泡液体的声透射基本模型,包括基于等效媒质思想和等效球源辐射思想的两种不同角度描述的透射模型。其中,基于等效媒质思想的透射模型适用于气泡数密度较大的情况,气泡间距应远远小于声波波长;基于等效球源辐射思想的透射模型,适用于某些具有球形分布特点或球源辐射特性的含气泡液体,但不受气泡数密度的限制。

(3) 构建了跃变区的声传播基本模型,包括声散射和声透射模型。其中,声散射模型适用于目标距离远远大于跃变区规模尺度的远场条件，并且结论表明远场情况的跃变区声散射具有球源辐射特性。声透射模型包括基于等效媒质思想和等效球源辐射思想的两种模型，前者数值模拟的速度快，适用于气泡数密度较大的情况；后者则可适用于远场条件下的任意气泡数密度的情况。

作为典型的含气泡液体，跃变区对声波的传播具有散射和透射两大干扰特性，是一种有效的水声对抗手段。为深入分析跃变区对声传播的具体干扰效果，根据第 3 章分析解算得到的跃变区声传播理论模型，并采用第 2 章数值模拟得到的跃变区形状规模和气泡分布数据，本章首先对不同气体类别、存储温度、存储压强和释放深度等工况所形成的跃变区，对不同声场频率下的声传播特性进行数值分析，得出不同工况下跃变区的声传播规律。进而综合研究跃变区对声呐在目标强度 TS、传播损失 TL 和距离测量等 3 个方面的干扰效果，为尾流气泡消除技术在水声对抗中的战术应用提供理论基础。

第 5 章
舰船尾流场强度与制导效能试验研究

本章研究的内容将是设计一套科学合理的试验装置和试验方法,验证控制尾流场强度应用于鱼雷防御领域的可行性。首先对舰船尾流场进行模拟,并在尾流中加入一种特殊的消泡剂,以降低尾流场强;然后通过尾流场的光学特性和声学特性观测不同情况下尾流场强的光学和声学的变化,从而验证通过降低尾流场强降低鱼雷自导效能这一鱼雷防御新思想的可行性。

5.1 试验设计

本节将从试验目的、试验装置与设施、试验内容、试验测量方法 4 个方面进行概述,并给出试验过程中用到的当量厚度定义。

5.1.1 试验目的

在前述研究基础上,专门开展尾流场强与鱼雷自导效能关系的试验研究,其主要目的在于以下两个方面。

一是对通过降低尾流场强以降低鱼雷自导效能这一设计思想的可行性进行原理性试验验证;

二是初步摸索这一设计思想实现的相对较为合适的条件,进而为后续海上实船试验装置的设计提供参考依据,并为最终实船试验的实施积累经验。

5.1.2 试验装置与设施

为达到试验目的,设计的一系列试验装置包括:声学数据采集及处理装置、尾流模拟装置、尾流自导鱼雷信号收发装置、其他辅助装置等,下面将对其进行逐个介绍。

5.1.2.1　声学数据采集及处理装置

声学检测系统分为水上数据采集处理系统和水下换能器两部分。试验时将水下换能器悬挂于船池侧壁,从水平方向检测微气泡场的后向散射强度,如图 5.1 所示。由前人研究已知,水中气泡的存在显著提高了水体的声学散射能力,且气泡数密度越大时,其散射强度越大,因此,可以通过测量比较微气泡场的后向散射强度来表征其中的气泡数密度。

声学检测系统主要由水下发射接收模块(见图 5.2)、水下控制模块(见图 5.3)组成,其系统连接形式如图 5.4 所示。该系统主要用于尾流声特性(如尾流的宽度、厚度、持续时间、扩展方式、散射强度、声阻抗等)测试,使用 100 kHz 工作频率时,可以覆盖 150°的测试范围;使用 400 kHz 工作频率时,可以覆盖 120°的测试范围。

图 5.1　声学测试系统配置情况

图 5.2　水下发射接收模块

图 5.3　水下控制模块

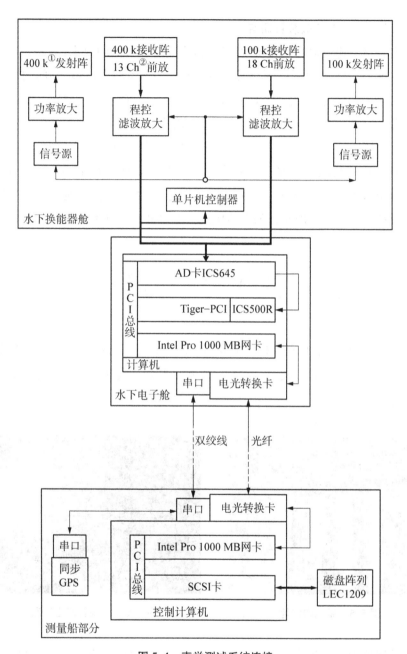

图 5.4　声学测试系统连接

---

① k 表示 kHz。

② Ch 表示发射频道。

5.1.2.2 尾流模拟装置研究

在实验室中比较逼真的模拟舰船尾流,主要有三方面的要求:一是要产生相应尺度的气泡;二是要产生相应数密度的气泡;三是要模拟尾流环境中的湍流场。

如何产生大量的微气泡,并使其符合舰船尾流中气泡的分布特征,是本试验关键的步骤。经过相关文献研究,选择微孔陶瓷管(见图5.5)用于产生微泡。由于试验对气体压力不需太高,气体流量也不需太大,供气源选用普通的空气压缩机。空压机通过软管与微孔陶瓷管连接供气,微孔就会直接在水中生成气泡(见图5.6)。利用这种方法能便捷且持续稳定地生成大量的气泡,产泡装置随船模移动就可以模拟出与实际情况相似的自然尾流。喷口处产生气泡的体积理论值可由下式计算:

$$V = \frac{1}{(\rho_1 - \rho_g)g} \left[\frac{2}{\pi}\rho_1 C_D q_v^2 \left(\frac{6}{\pi}\right)^{-2/3} V^{-2/3} + \pi d_h \sigma + \frac{(\rho_g + \alpha\rho_1)}{12\pi(3/4\pi)^{2/3}} q_v^2 V^{-2/3} - \frac{\rho_g q_v^2}{\pi d_h^2/4} \right]$$

$$(5.1)$$

式中,ρ_1、ρ_g 分别是液相和气相的密度,kg/m^3;g 是重力加速度,m/s^2;V 是气泡体积,L;q_v 是气体的体积流量,L/S;σ 为表面张力系数;C_D 为黏性系数;d_h 为微孔直径,m^{-3};$\alpha = 11/16$。

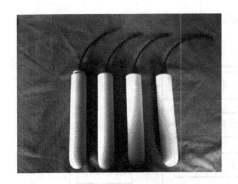

图 5.5　微孔陶瓷管

图 5.6　微孔陶瓷管产生气泡效果图

有关尾流中的气泡大小、数密度的统计分布规律已经在第1章中做了研究。为了能比较逼真地模拟尾流,以尾流中气泡的分布规律为基础选择合适孔径的微孔陶瓷管和气体流速。经过反复研究和试验,最后选用微孔直径为 $0.1\,\mu m$ 的微孔陶瓷管作为气泡发生器。理论计算发现:控制气体流量在 $0.1\,m^3/min$,气泡的平均直径为 $83\,\mu m$。而分析试验结果发现,由于气泡产生后发生聚并等原因,气泡的直径大于理论值,拍摄到的气泡平均直径约 100 μm,基本符合舰船实际尾流场中气泡尺度分布的要求。

　　用微孔陶瓷管和螺旋桨制作了专用的模拟尾流生成模块,如图 5.7 所示。其中,选用孔径为 0.1 μm 的微孔陶瓷管与合适的供气装置配合能够可控地生成试验所需的大量微小气泡,而带螺旋桨的船模则可较真实地模拟船舶运动和湍流场,将二者有机组合即可在水池中较好地模拟实际情况下的舰船尾流。经反复研究与试验,最后选择将 4 个微孔陶瓷管固定于船模的艉部,利用船模和微孔陶瓷管共同模拟尾流场。而船模则直接选用了某 985 高校船舶学院现有船模。

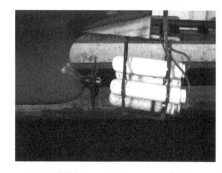

图 5.7　船模与气泡发生装置

5.1.2.3　试验水池与其他辅助装置

　　舰船尾流场与鱼雷自导效能关系研究试验场地为某 985 高校拖曳水池(170 m×7 m×4 m),如图 5.8 所示,该水池是国际船模试验水池会议(International Towing Tank Conference, ITTC)成员之一。

图 5.8　拖曳水池

　　辅助测量仪器仪表主要有流量计、压力计和压力调节阀。流量计和压力计用于测定气体的流量和压力以控制气体的流速。流量计选择 LZB-40 玻璃转子流量计,压力计选用了普通弹簧管压力表Y-100,安装于空压机供气源出口处。而流量和压力大小的控制则选用压力调节阀和球阀来解决。试验选用的两个压力调节阀,一个用于调节空压机出口处的压力,一个用于调节喷气时的工作压力,这样就可以知道气体在沿管道运输时的压力损失。另外,在空压机排气阀前面加装一球阀用于控制流量,使用时,先将球阀调至合适位置,再开启排气阀。

5.1.3　试验内容

试验内容主要包括两大方面:一是尾流场模拟试验;二是尾流的声学检测试验。分述如下。

5.1.3.1　尾流场的模拟试验

1) 自然尾流场(高尾流场强尾流场)的模拟

为与下文低尾流场强尾流场做比较,特在此将自然尾流场命名为高尾流场强尾流场。

使用上文试验装置中设计的尾流模拟装置对自然尾流场进行模拟。试验过程中,将空压机通过软管与微孔陶瓷管相连,产生气幕的气体压力和流量可调,气幕中的气体含量、气泡的大小随气体的压力和流量而变化,软管上同时接有压力表和流量计,以读取软管中压强及气体流量,通过控制气体的压强及流量使微孔陶瓷管产生试验所需的气泡群;同时,拖动船模以设定的速度前进,利用水下检测装置及高速摄像机记录模拟舰船尾流的特征,如图5.9所示。通过反复试验确定产生气泡的大小及数密度,确定设定船模速度下的气体最佳气压和释放量。

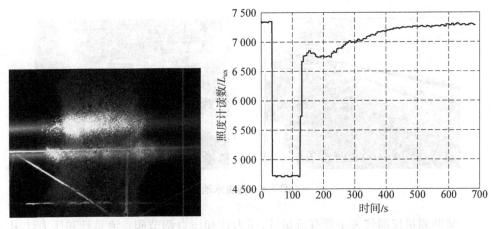

图 5.9　摄像机和水下检测装置采集的模拟舰船尾流图像及特征曲线

2）低尾流场强尾流场的模拟

拖动船模以设定的速度前进，开启气泡发生装置（见图 5.10），并控制其释放量，利用水下检测装置及高速摄像机记录不同释放量下的模拟尾流（低尾流场强尾流）特征。

图 5.10　微泡发生器

5.1.3.2　尾流声学检测试验

在试验中，将通过声学方法对模拟尾流场的尾流场强进行检测，并对检测数据分别进行详细分析。

5.1.4　试验测量方法

为充分地验证通过降低尾流场强以降低鱼雷自导效能这一鱼雷防御新思想的可行性，利用尾流场具有的声学特性，本书特采用声学测量手段，对不同尾流场强进行试验测量。

声学测量利用自行设计的尾流自导鱼雷信号收发装置进行测量，在拖曳水池的一侧固定好鱼雷自导系统信号收发装置，连接其到数据采集处理模块，控制系统开始发射声脉冲，并接收尾流的反射声信号。试验时，开启船模螺旋桨及空压机，调节球阀至合适通气量，同时调节船模速度，船模驶过收发装置后，收发装置可观测不同尾流场的声回波信号曲线。

5.2　试验数据与分析

从大量的试验数据中，选取 3 个不同当量厚度下尾流回波信号强度分别与自然尾流情况下尾流回波强度进行对比分析。

5.2.1　90%气泡量时的试验结果与分析

利用鱼雷自导系统信号收发装置测得自然尾流时尾流场回波三维效果图,如图 5.11(a)所示;90%气泡量时,尾流场强回波三维效果图如图 5.11(b)所示。

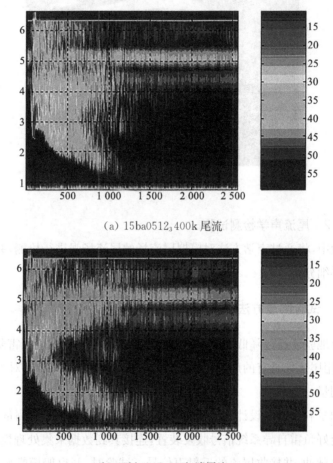

(a) 15ba0512$_3$400k 尾流

(b) 15bb0512$_4$400k 消尾流

图 5.11　回波三维效果图(90%气泡量)

图 5.11 中对照表数值越大代表尾流场强越大,由图可看出:图 5.11(a)中尾流场强明显高于图 5.11(b)中的值。

图 5.12(a)是对三维图的不同区域进行积分所得到的回波强度曲线,黑色线代表自然尾流下的回波强度曲线,灰色线代表 90%气泡量尾流回波强度曲线,

图 5.12(b)为(a)作均值处理的曲线图。从图中可以看出：在不同区域的积分回波曲线中，90％气泡量尾流场的声回波强度与自然尾流的场回波强度相比有一定的下降。

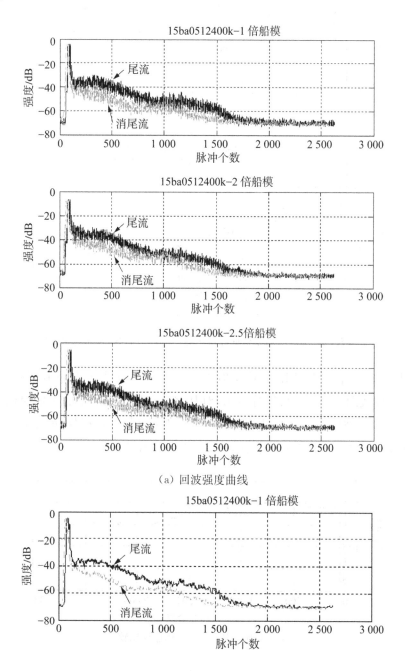

（a）回波强度曲线

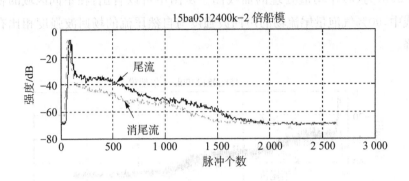

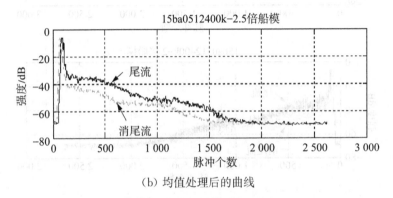

（b）均值处理后的曲线

图 5.12　回波区域积分曲线及区域积分均值曲线（90%气泡量）

图 5.13 是自然尾流回波强度均值曲线与 90%气泡量时尾流回波强度均值曲线的差值曲线图。从图中可以分析出，对其尾流回波三维图中的 1 倍船模回波区域、2 倍船模回波区域、2.5 倍船模回波区域等不同区域进行积分，可知此时的尾流回波强度与自然尾流回波强度相比，其差值都在 10 dB 左右。

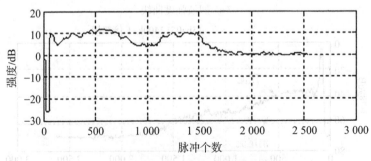

（a）15ba0512400k - 1 倍船模比较

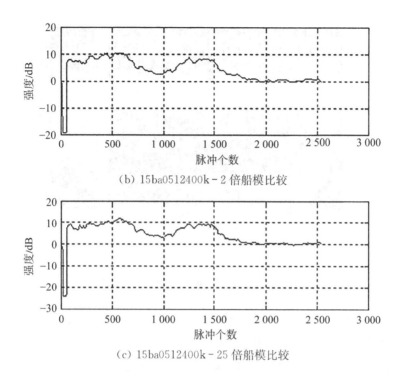

（b）15ba0512400k - 2 倍船模比较

（c）15ba0512400k - 25 倍船模比较

图 5.13　回波区域积分均值差值曲线（$H = 1.0\,\text{mm}$）

5.2.2　80% 气泡量时的试验结果与分析

利用鱼雷自导系统信号收发装置测得自然尾流时尾流场回波三维效果图，如图 5.14（a）所示；当 80% 气泡量时，尾流场强回波三维效果图如图 5.14（b）所示。

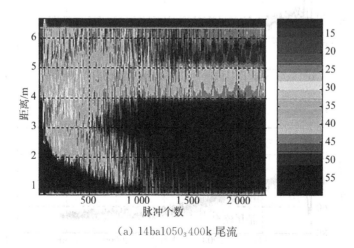

（a）14ba1050₃400k 尾流

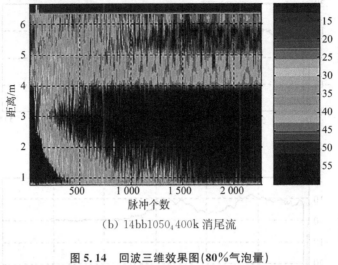

(b) 14bb1050₄400k 消尾流

图 5.14　回波三维效果图(80%气泡量)

图 5.14 中对照表数值越大代表尾流场强越大,由图可看出:图 5.14(a)中尾流场强明显高于图 5.14 右图中的值。

图 5.15(a)是对三维图的不同区域进行积分所得到的回波强度曲线,黑色线代表自然尾流下的回波强度曲线,灰色线代表 80%气泡量时回波强度曲线,图 5.15(b) 为对左侧组图作均值处理的曲线图,从图中可以看出:在不同区域的积

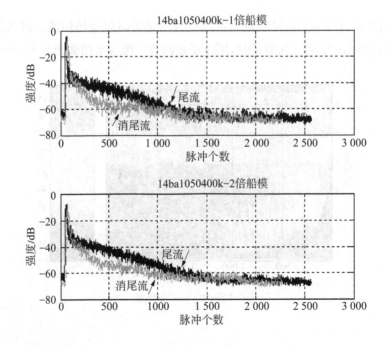

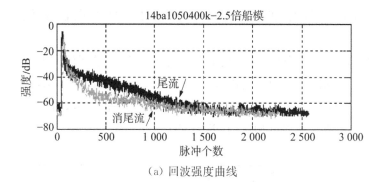

（a）回波强度曲线

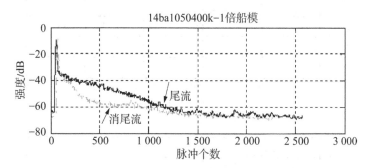

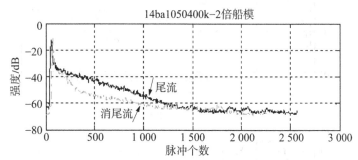

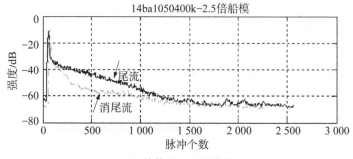

（b）均值处理后的曲线

图 5.15　回波区域积分曲线及区域积分均值曲线（80％气泡量）

分回波曲线中,80％气泡量时尾流场的声回波强度与自然尾流声回波强度相比有进一步的下降。

图 5.16 是自然尾流回波强度均值曲线与 80％气泡量尾流回波强度均值曲线的差值曲线图。从图中可以分析出,对其尾流回波三维图中的 1 倍船模回波区域、2 倍船模回波区域、2.5 倍船模回波区域等不同区域进行积分,可知此时的尾流回波强度与自然尾流回波强度相比,其差值都在 13 dB 左右。

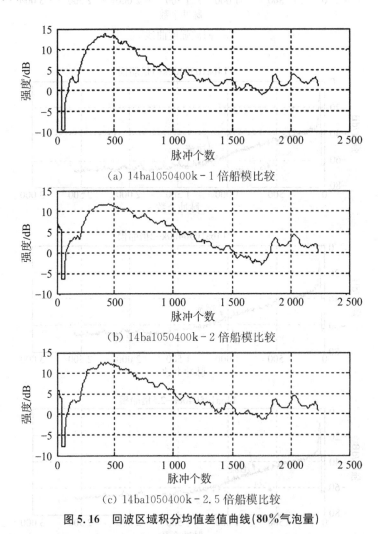

(a) 14ba1050400k - 1 倍船模比较

(b) 14ba1050400k - 2 倍船模比较

(c) 14ba1050400k - 2.5 倍船模比较

图 5.16 回波区域积分均值差值曲线(80％气泡量)

5.2.3 70％气泡量时的试验结果与分析

利用鱼雷自导系统信号收发装置测得自然尾流时尾流场回波三维效果图,如

图 5.17(a)所示;70%气泡量时,尾流场强回波三维效果图如图 5.17(b)所示。

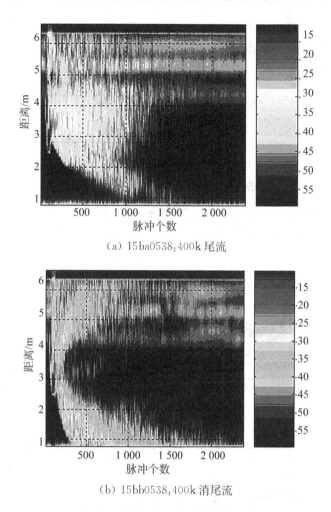

(a) 15ba0538₃400k 尾流

(b) 15bb0538₄400k 消尾流

图 5.17　回波三维效果图(70%气泡量)

图 5.17 中对照表数值越大代表尾流场强越大,由图可看出:图 5.17(a)中尾流场强明显高于图 5.17(b)中的值。

图 5.18(a)是对三维图的不同区域进行积分所得到的回波强度曲线,实线代表自然尾流下的回波强度曲线,虚线代表 70%气泡量尾流回波强度曲线,图 5.18(b)为对图 5.18(a)作均值处理的曲线图,从图中可以看出:在不同区域的积分回波曲线中,70%气泡量尾流场的回波强度与自然尾流回波强度相比有明显的下降。

图 5.19 是自然尾流回波强度均值曲线与 70%气泡量时尾流回波强度均值曲线的差值曲线图。从图中可以分析出,对其尾流回波三维图中的 1 倍船模回波区

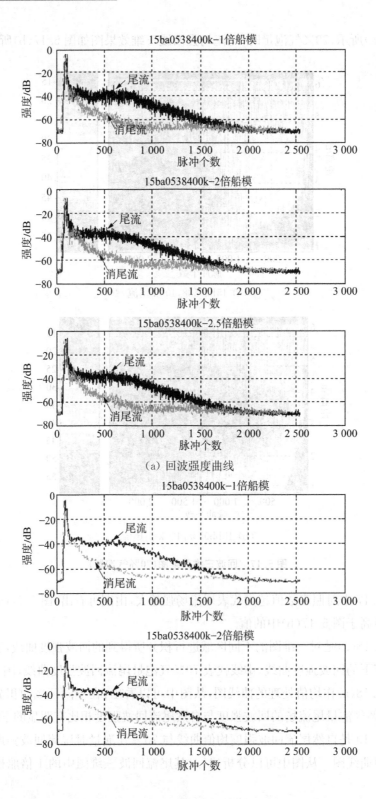

（a）回波强度曲线

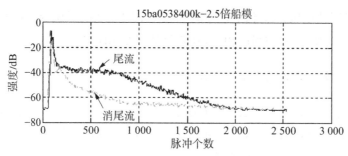

（b）均值处理后的曲线

图 5.18　回波区域积分曲线及区域积分均值曲线(70%气泡量)

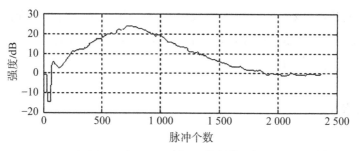

（a）15ba0538400k-1 倍船模比较

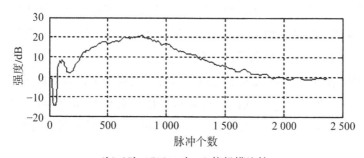

（b）15ba0538400k-2 倍船模比较

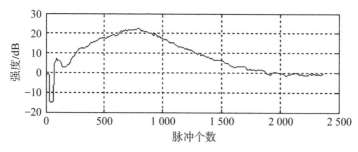

（c）15ba0538400k-2.5 倍船模比较

图 5.19　回波区域积分均值差值曲线($H=3.0\,mm$)

域、2 倍船模回波区域、2.5 倍船模回波区域等不同区域进行积分,可知此时的尾流回波强度与自然尾流回波强度相比,其差值都在 20 dB 左右。

5.2.4 声学测量试验结果讨论

综合上述试验结果:当气泡量分别为 90%,80%,70%时,对测得尾流回波三维图中的回波区域进行积分,其积分曲线与相同区域自然尾流回波强度曲线的均值差分别在 10 dB、13 dB、20 dB 左右。

由本书对尾流自导鱼雷相关问题的研究可知,尾流回波信号是鱼雷控制其运动的关键信息,当尾流回波信号强度下降时,必然会减弱鱼雷控制系统的判断能力,进而减弱鱼雷自效能。又由试验数据可知:当尾流场气泡含量降低时,尾流回波信号强度也随之降低。因此,试验结果验证了通过降低尾流场强可以明显降低鱼雷自导效能这一仿真结果。

5.3 本章小结

综合试验结果可得:90%气泡量时,尾流场强约为自然尾流的 65%,声回波强度曲线的均值差可达到 10 dB;80%气泡量时,尾流场强约为自然尾流的 45%左右,声回波强度曲线的均值差可达到 13 dB 左右;70%气泡量时,尾流场强为自然尾流的 35%左右,回波强度曲线的均值差可达到 20 dB。

这一试验结果,一方面表明了通过气泡含量的降低可以有效降低尾流场强,另一方面也充分表明了通过降低尾流场强可以明显降低鱼雷自导效能这一仿真结果。综合这两方面的结论可知,通过降低尾流场强以降低鱼雷自导效能这一思想的可行性。

第 6 章

舰船尾流自导鱼雷数学模型研究

要研究舰船尾流场强与鱼雷自导效能的关系,必须建立一个适于鱼雷自导效能评估的数学模型,本节将根据现有的武器系统效能模型,建立适于鱼雷自导效能评估的数学模型。

6.1 鱼雷自导效能评估模型研究

6.1.1 鱼雷自导效能及其基本模型

6.1.1.1 鱼雷自导效能概述

武器系统的系统效能,一般可分为固有的系统效能(以下简称"固有效能")和作战的系统效能(以下简称"作战效能")。固有效能是指设计到系统中去的性能、可靠性、维修性、保障性决定的该系统在规定条件下能够完成规定任务的能力大小;作战效能是指在预期或规定的作战使用环境下,考虑战术、威胁和生存等战场因素,系统在实际作战使用环境下,完成规定任务的能力大小。目前公认最权威的是美国工业界武器系统效能咨询委员会(Weapon System Effectioeness Industry Advisory Committee, WSEIAC)给出的定义:系统效能是预期一个系统能满足一组特定任务要求的程度的度量,是系统的有效性、可信赖性和能力的函数。

鱼雷武器系统的效能,通常定义为:在规定条件下,鱼雷武器系统实施作战指令,完成命中毁伤目标任务的程度的量度。它是载体平台与鱼雷武器系统的可用性、任务可信性、能力的综合反映。可用性指在任一随机时刻,要求执行作战任务,系统处于正常工作或可投入使用的能力。任务可信性指在任务开始时刻可用性给定的情况下,系统在执行任务过程中,处于正常工作或完成规定功能的能力。能力指在任务期间状态给定的条件下,系统完成规定作战任务的能力。

6.1.1.2　鱼雷自导效能的基本模型

美国陆、海、空三军针对其各自研究领域,用略有不同的词句对系统效能进行了定义,并给出了数学模型。

(1) 美国航空无线电公司(AIRINC)给出:

$$SE = P_{OR} \cdot P_{MR} \cdot P_{DA} \tag{6.1}$$

式中,P_{OR} 表示战备状态概率,即系统正在良好工作或一旦需要即可投入使用的概率;P_{MR} 表示任务可靠概率,即系统在任务要求的一段时间内,持续良好工作的概率;P_{DA} 表示设计恰当性(良好性)概率,即系统在给定设计限度内,成功地完成规定任务的概率。

(2) 美国工业界武器系统效能咨询委员会(WSEIAC)给出:

$$S_E = A \cdot D \cdot C \tag{6.2}$$

式中,A 表示可用性,即系统在任一随机时刻可投入使用或正常工作的概率;D 表示任务可信性,即系统在初始条件给定条件下,在执行作战任务过程中,处于正常工作或完成规定功能的概率;C 表示能力,即在任务期间状态给定情况下,系统完成规定作战任务的概率。

(3) 美国海军(AN)给出:

$$S_E = P \cdot A \cdot U \tag{6.3}$$

式中,P 表示系统性能指数,即假设系统可用性和能力 100% 利用条件下,表示系统能力的数值指数;A 表示系统可用性指数,即系统作好战斗准备,并能圆满完成其规定功能的程度的数值指数;U 表示系统适用性指数,即在执行作战任务中,系统性能能力适用程度的数值指数。

式(6.1)、式(6.2)、式(6.3)系统效能定义模型,虽然表达式不同,但实质上都反映了系统效能的 3 个本质要素:随时投入使用的能力;在执行任务期间,能正常工作的能力;战术、技术性能的综合能力。

为了更客观地反映尾流自导鱼雷的自导效能,将考虑目标的对抗,采用WSEIAC 给出模型的改进模型作为本书的基本模型:

$$S_E = Q \cdot A \cdot D \cdot C \tag{6.4}$$

式中,Q 表示鱼雷武器系统在未被目标反攻击条件下实施攻击的概率。

$$Q = P_A + (1 - P_A)(1 - \bar{P}\bar{R}) \tag{6.5}$$

式中，P_A 表示我方鱼雷武器系统先于目标实施攻击的概率；$\bar{R}$ 表示目标武器系统正常工作的概率；$\bar{P}$ 表示目标武器系统的作战能力。

式(6.4)可展开为

$$S_E = Q \cdot [a_1, a_2, \cdots, a_n] \cdot \begin{bmatrix} d_{11} & d_{12} & \cdots & d_{1n} \\ d_{21} & d_{22} & \cdots & d_{2n} \\ \vdots & \vdots & \vdots & \vdots \\ d_{n1} & d_{n2} & \cdots & d_{nn} \end{bmatrix} \cdot \begin{bmatrix} c_1 \\ c_2 \\ \vdots \\ c_n \end{bmatrix} \tag{6.6}$$

式中，a_i 表示开始时处于状态 i 的概率；d_{ij} 表示开始时处于 i 状态，而在执行任务过程中转移到状态 j 的概率；c_i 表示在初始状态为 i 下，完成作战任务的能力。

6.1.2　适于尾流场强研究的鱼雷自导效能模型

对于鱼雷武器系统而言，可认为只有"正常"和"故障"两种状态，所以在上述模型中，其 n 应取为 2，即 $n=2$。因此，式(6.6)又可简化为

$$SE = Q \cdot [a_1, a_2] \cdot \begin{bmatrix} d_{11} & d_{12} \\ d_{21} & d_{22} \end{bmatrix} \cdot \begin{bmatrix} c_1 \\ c_2 \end{bmatrix} \tag{6.7}$$

6.1.2.1　可用性(A)分析

可用性向量 A 主要由鱼雷武器系统本身各组成子系统的质量和维修保养状况确定，用 a_1、a_2 分别表示其可用度和不可用度，有

$$a_1 = \frac{M_{TBF}}{M_{TBF} + M_{TTR} + M_{LDT}} \tag{6.8}$$

$$a_2 = 1 - a_1 \tag{6.9}$$

式中，M_{TBF} 表示武器系统的平均无故障工作时间；M_{TTR} 表示平均故障修复时间；M_{LDT} 表示平均后勤延误时间。鱼雷武器系统的各子系统通常可认为是串联的，则 $A = [a_1 \quad a_2] = \left[\prod\limits_{s=1}^{s} a_{1s} \quad 1 - \prod\limits_{s=1}^{s} a_{1s}\right]$，其中 a_{1s} 为第 S 个子系统的可用度，S 为鱼雷武器系统中串联子系统的个数。

此模型是为研究尾流场强与鱼雷自导效能的关系而建立，如果系统在开始执行任务时，其中的串联子系统就有故障，对下一步的评估将没有意义。所以，假设在系统开始执行任务时，各个子系统正常工作的概率为 1，则可行性(A)可

简化为

$$A = [a_1 \quad a_2] = [1 \quad 0] \tag{6.10}$$

6.1.2.2 可信性(D)分析

可信性 D 反映了武器系统的可靠性和连续工作的能力,根据式(6.7)得

$$D = \begin{bmatrix} d_{11} & d_{12} \\ d_{21} & d_{22} \end{bmatrix} \tag{6.11}$$

式中,d_{11} 表示原来正常,在作战期间正常的概率;d_{12} 表示原来正常,在作战期间故障的概率;d_{21} 表示原来故障,在作战期间正常的概率;d_{22} 表示原来故障,在作战期间故障的概率。假设武器系统的故障率为 α,修复率为 β,并且鱼雷武器系统在作战过程中是不可修复的,因此 $\beta = 0$,则

$$D = \begin{bmatrix} 1-\alpha & \alpha \\ \beta & 1-\beta \end{bmatrix} = \begin{bmatrix} 1-\alpha & \alpha \\ 0 & 1 \end{bmatrix} \tag{6.12}$$

由上文对系统开始执行任务做出的假设,这里 $\alpha = 0$,则可信性 D 可简化为

$$D = \begin{bmatrix} 1-\alpha & \alpha \\ 0 & 1 \end{bmatrix} = \begin{bmatrix} 1 & 0 \\ 0 & 1 \end{bmatrix} \tag{6.13}$$

6.1.2.3 能力(C)分析

能力向量 C 反映的是武器系统在能工作的条件下,完成预定任务的程度。根据式(6.7)可得

$$C = \begin{bmatrix} c_1 \\ c_2 \end{bmatrix} = \begin{bmatrix} \gamma \\ 0 \end{bmatrix} \tag{6.14}$$

式中,γ 表示鱼雷系统正常工作时完成作战任务的概率,是其作战能力的综合体现。鱼雷系统正常工作时完成作战任务的概率与尾流场强密切相关,而本书研究尾流气泡场强与鱼雷自导效能的关系正是想通过变化尾流场强来观察鱼雷系统正常工作时完成鱼雷自导效能的能力。因此,鱼雷系统正常工作时完成作战任务的概率是研究的重点,c_2 表示武器系统故障时完成作战任务的概率,显然取 0。

在作战过程中,为了完成既攻击目标又保全自己的作战任务,尾流自导鱼雷系统各组成部分之间通过软、硬件的联系相互协调工作。根据其系统组成和作战过程,可构建作战效能的分析体系(见图 6.1)。

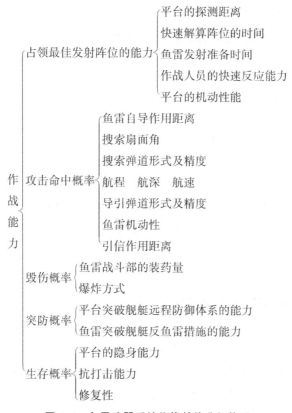

图 6.1　鱼雷武器系统作战效能分析体系

鱼雷武器系统占领最佳发射阵位概率 P_p 是指鱼雷武器系统在平台上的探测装置发现目标后,能够通过火控系统解算出最佳发射阵位,并且通过平台的机动迅速占领该阵位的能力。这一因素为战术问题,在工程应用中不考虑。

攻击命中概率 P_h 是指鱼雷在发射后,能够准确地捕获、追踪命中目标的能力。捕获目标概率 P_m、追踪命中目标概率 P_n 都与尾流场强密切相关。

$$P_h = P_m \cdot P_n \tag{6.15}$$

毁伤概率 P_d 主要考虑的则是鱼雷命中目标后,战斗部能够正常起爆装药,对目标实施打击破坏的能力。

突防概率 P_r 一方面指整个武器系统在占领发射阵位的过程中,突破目标远程防御体系的能力;另一方面还指鱼雷在攻击过程中,突破舰艇及其编队对鱼雷的各种软硬杀伤手段的能力。

生存概率 P_s 指鱼雷武器系统在整个作战过程的随机格斗中,保证自身不受目标攻击破坏的能力。

根据图 6.1 的分析体系,可以得出鱼雷系统正常工作时完成作战任务的概率:

$$\gamma = P_p \cdot P_d \cdot P_r \cdot P_s \cdot P_h \tag{6.16}$$

综上所述,适于尾流抑制技术研究的鱼雷自导效能评估模型应为

$$S_E = [P_A + (1 - P_A)(1 - \bar{P}\bar{R})] \cdot [1 \quad 0] \cdot \begin{bmatrix} 1 & 0 \\ 0 & 1 \end{bmatrix} \cdot \begin{bmatrix} P_p \cdot P_d \cdot P_r \cdot P_s \cdot P_h \\ 0 \end{bmatrix}$$

$$\tag{6.17}$$

式中,P_p、P_d、P_r、P_s 都与尾流场强无关,本书不做具体研究。而 P_h 与尾流场强密切相关,需要通过建模仿真的方法给出参数。P_h 将通过 MonteCarlo 法对大量的仿真数据进行分析得出,将在下文中作具体的研究。

6.2 尾流自导鱼雷回波模型研究

声尾流自导鱼雷在攻击水面舰艇时,自导系统发射探测声脉冲,尾流层、海面充气层及随机起伏的海面都对声脉冲起到散射作用,这些散射回波同时作用在自导接收通道上,一部分是尾流回波,一部分是海面混响。此外,自导接收通道还受到鱼雷航行时产生的航行噪声作用。由此可见,鱼雷攻击水面舰艇时接收到的是尾流回波和背景噪声的叠加信号,其中尾流回波是反舰自导的有效信号,而海面混响和航行噪声是自导系统接收到的背景噪声。构建尾流自导鱼雷回波模型时应分别建立其声学模型,再进行综合分析及仿真。

6.2.1 尾流回波信号的声学模型

6.2.1.1 尾流回波信号模型

尾流具有很多均匀的微小反射体(气泡),根据尾流声反射的物质机理,尾流回波信号是由尾流中的大量反射体对声波的散射产生的,其声压计算模型为

$$P_c = \frac{P_0}{r} 10^{-0.1\beta r} \left[\frac{m_{kc} c \tau}{2} \int_0^{4\pi} b^2(\theta, \varphi) b'^2(\theta, \varphi) d\Omega \right]^{0.5} \tag{6.18}$$

式中,P_0 为距发射阵 1 m 处沿阵轴的声压,Pa;r 为散射点与接收端之间的距离,m;β 为衰减系数,dB/m;m_{kc} 为尾流散射系数,m^{-1};c 为声波在水中的速度,m/s;τ 为发射声脉冲的宽度,s;$b(\theta, \varphi)$、$b'(\theta, \varphi)$ 为发射基阵和接收基阵按压力

的指向性;dΩ 为立体角元。

上式中的积分,则可看作是发射基阵和接收基阵综合等效指向性对于体积混响的宽度,一般不易求得。为使积分计算简化,一般用理想的指向性代替真实的综合指向性,即:在主极大范围内取 $b(\theta, \varphi)b'(\theta, \varphi) = 1$,而在其范围之外则取 $b(\theta, \varphi)b'(\theta, \varphi) = 0$。

6.2.1.2 尾流的声学特性

在尾流中气泡直径较波长小,而且较各气泡间距离也小,因此水声传播速度本身不受太大的影响,可以采用通常的方法计算尾流中的声速,根据雷诺公式,声速 c 可用下式表示:

$$c = 14\,929 + 3(T - 10)^2 - 0.006(T - 10)^2 - 0.04(T - 18) +$$
$$1.2(S - 35) - 0.01(T - 18)(S - 35) + 0.016\,4h \tag{6.19}$$

式中,h 为所研究的距水面的深度范围,m;T 为水温的平均值,℃;S 为盐度的平均值。

假设不考虑尾流的热分层,认为水温平均值 $T = 25$℃,盐度的平均值 $S = 3.5$‰,所研究的距水面的深度范围 $h = 14$ m,由此可计算声速 $c = 1\,535$ m/s。

1) 衰减系数 β

尾流中声传播时的衰减与尾流中气泡含量有关,与 $g(R)$、$u(R)$ 有关,衰减系数可表示为

$$\beta = 3\,774 \int_{R_{\min}}^{R_{\max}} \frac{4\pi R^2 g(R)\delta/\eta}{(f_0^2/f^2 - 1)^2 + \delta^2} \mathrm{d}R \tag{6.20}$$

式中,$R_{\min}$、$R_{\max}$ 为在给定 $g(R)$ 分布中,气泡半径的最小值、最大值;f_0 为气泡的谐振频率,$f_0 \approx 3.25(1 + 0.1h)^{0.5}/R$;$f$ 为工作频率;δ 为气泡谐振时的误差常数,其由辐射衰减、海水切变黏滞衰减和水之间的热交换衰减三部分组成,其中辐射衰减是其主要分量,因此近似认为 $\delta = 2\pi f_0 R/c$;η 为气泡截面周长与声波之比,$\eta = 2\pi R/\lambda$。

尾流中声传播时的衰减系数,也可根据利伯曼对高频发射声波的实验室研究经验公式计算,可表示为

$$\beta = 4.3 \times 10^8 \left(\frac{1.26 \times 10^{-14} f^2}{1 + 4.35 \times 10^{-5} f^2} + 4.75 \times 10^{-16} f^2 \right) \tag{6.21}$$

2）尾流散射系数 m_{kc}

尾流中声传播时的散射也与尾流中气泡含量有关,散射系数可表示为

$$m_{kc} = \int_{R_{min}}^{R_{max}} \frac{g(R)R^2}{(f_0^2/f^2 - 1)^2 + \delta^2} dR \tag{6.22}$$

式中的相关参数同上。

6.2.2　海面混响背景噪声的声学模型

海面混响为自然背景噪声,成因是海面的不平整性和波浪产生的气泡对声波的散射。海面混响包括海面体积混响(海面气泡及不均匀介质散射)和海面边界混响(不平海面的散射)。

6.2.2.1　海面体积混响声学模型

海面体积混响主要是由海面充气层中的气泡对声波的散射引起的。翻滚的海面把空气卷入海水,就在接近海面的深度上形成一定厚度的海面充气层。由于充气层与尾流都由气泡组成,因此充气层体积混响的声压计算模型与尾流回波信号声压计算模型类似:

$$p_{o\delta} = \frac{p_0 r_0}{r} 10^{-0.1\beta r} \left[\frac{m_{o\delta} c\tau}{2} \int_0^{4\pi} b^2(\theta, \varphi) b'^2(\theta, \varphi) d\Omega \right]^{0.5} \tag{6.23}$$

式中,$m_{o\delta}$ 为海面充气层的反向散射系数。在计算时 $m_{o\delta}$ 采用与计算 m_{kc} 类似的方法,积分的计算也用理想的指向性代替真实的综合指向性。根据式(6.23)即可计算出海面充气层回波信号的声压曲线。

6.2.2.2　海面边界混响声学模型

海面边界混响是由声波在不平海面的散射引起的。根据声波在不平表面散射的能量学理论,计算海面边界混响回波信号声压的公式为

$$p_{\tau p} = \frac{p_0 r_0}{r} r 10^{-0.1\beta r} \left(\frac{m_{\tau p} c\tau K}{2} \right)^{0.5} \tag{6.24}$$

式中,K 为考虑了基阵指向性的参数,$K = \int_0^{2\pi} b^2(\theta, \varphi) b'^2(\theta, \varphi) dr$；$r$ 为方位角。

发射方向与波束轴重合时 K 最大,一般认为发射波束指向性很窄,忽略旁瓣的影响,就把重合时的 K 作为等效合成束宽。根据式(6.24)可计算出不同海况下海面散射回波声压曲线。

6.2.3　鱼雷航行噪声的声学模型

鱼雷航行噪声有 6 个分量,分别为湍流噪声沿壳体结构传递的分量 W_{TC}、湍流噪声的绕射分量 W_{TR}、外部声场螺旋桨空化噪声的绕射分量 W_{BKR}、外部声场动力装置振动噪声的绕射分量 W_{BCR}、外部声场螺旋桨空化噪声沿壳体结构传递的分量 W_{BKS} 和外部声场动力装置振动噪声沿壳体结构传递的分量 W_{BCS} 等 6 个分量,总的航行噪声 $p_{\parallel}$ 为上述各分量的叠加:

$$p_{\parallel} = W_{TC}^2 + W_{TR}^2 + W_{BKR}^2 + W_{BCR}^2 + W_{BKS}^2 + W_{BCS}^2 \tag{6.25}$$

6.2.3.1　湍流引起的分量

湍流噪声沿壳体结构传递的分量 W_{TC} 在反舰自导工作频率较高时可以忽略。湍流噪声绕射分量 W_{TR} 的公式可表示为

$$W_{TR} = P' 10^{\frac{P}{20}} \left[\frac{P_a}{P_T}\right]^{0.5} \left[\frac{V_T}{V'}\right]^3 \left[\frac{f_0}{f'}\right]^{-1.5} \tag{6.26}$$

式中,P_a、P_T 为反舰自导测量用水听器对环流噪声的抗干扰性参数,$\dfrac{P_a}{P_T} = \dfrac{V_T}{V'} \cdot \dfrac{D_T}{D_a}$,通常取湍流噪声绕射分量为 $W_{TR} = 9.7 \times 10^{-5}$ Pa。

6.2.3.2　外部声场引起的绕射分量

外部声场是动力装置产生的振动噪声和螺旋桨旋转产生的空化噪声的统称。其与反舰自导工作频率 f_0、外部声场声源到基阵的距离 l、水中声波波长 λ 和基阵指向性在指向源方向上侧向场的等级(YBR)有关:

$$W_{BCR} = E_{SF_C} \cdot \frac{\lambda}{2\pi l_C} \cdot Y_{BR} \tag{6.27}$$

$$W_{BKR} = E_{SF_K} \cdot \frac{\lambda}{2\pi l_K} \cdot Y_{BR} \tag{6.28}$$

式中,l_K 和 l_C 分别为从螺旋桨和动力装置到基阵的距离。一般认为,外部声场级 E_{SF} 与 $f^{-0.8}$ 成正比;螺旋桨空化噪声级 E_{SF_K} 在鱼雷航深 H_T 改变时正比于$(H_T/H_0)^{-1.66}$,其中 $H_0 = 30$ m,而动力装置振动噪声级 E_{SF_C} 与航深无关。

$$E_{SF_C} = E_{SF_{CO}} \left(\frac{f_0}{f'}\right)^{-0.8} \tag{6.29}$$

$$E_{SF_K} = E_{SF_{KO}} \left(\frac{f_0}{f'} \right)^{-0.8} \left(\frac{H_T}{H_0} \right)^{-1.66} \tag{6.30}$$

式中，$E_{SF_{CO}}$ 为 $f'=23.5\,\text{kHz}$ 时动力装置振动噪声级；$E_{SF_{KO}}$ 为 $f'=23.5\,\text{kHz}$、航深 $H_0=30\,\text{m}$ 时螺旋桨空化噪声级。

根据式(6.28)与式(6.29)计算出动力装置振动噪声和螺旋桨空化噪声引起的绕射分量分别为：$W_{BCR}=0.2668\times10^{-6}\,\text{Pa}$，3 级海况下 $W_{BKR}=1.693\times10^{-6}\,\text{Pa}$，5 级海况下 $W_{BKR}=1.169\times10^{-6}\,\text{Pa}$。

6.2.3.3 外部声场沿壳体结构传递的分量

计算动力装置振动噪声和螺旋桨空化噪声沿壳体结构传递的分量时，采用以下公式：

$$W_{BCS} = E_{SF_C} \cdot \frac{X}{Y_{BR_0}} \cdot K_S \cdot P_S \cdot U_S \cdot \frac{\cos\alpha H'}{H_T} \tag{6.31}$$

$$W_{BKS} = E_{SF_K} \cdot \frac{X}{Y_{BR_0}} \cdot K_S \cdot P_S \cdot U_S \cdot \frac{\cos\alpha H'}{H_T} \tag{6.32}$$

式中，K_S 为动力装置振动噪声和螺旋桨空化噪声沿壳体结构传递的分量和鱼雷外部声场源产生的噪声之间的关系系数，$K_S=0.0661$；P_S 为海平面噪声散射强度，$P_S=0.112$；U_S 为声波在海中传播时的声衰减，$U_S=10^{-0.001L}$；L 为基阵最大指向特性方向上从基阵到海面的距离，m；α 为鱼雷横截面上反舰自导基阵相对于垂线的转角；Y_{BR_0} 为基阵原型指向特性级，$Y_{BR_0}=0.2$；X 为指向海面方向上反舰自导接收基阵方向特性级，$X=1$；$H'=1\,\text{m}$。

根据上述模型和参数，可计算出动力装置振动噪声和螺旋桨空化噪声沿壳体结构传递的分量。

6.2.4 尾流自导鱼雷回波模型的参数选取

发射基阵和接收基阵按压力的指向性与发射波束宽度、接收波束宽度有关。上文对 $b(\theta,\varphi)$、$b'(\theta,\varphi)$ 为发射基阵和接收基阵按压力的指向性积分计算进行了简化，式(6.18)中积分可看作是发射基阵和接收基阵综合等效指向性对于体积混响的宽度，用理想的指向性代替真实的综合指向性，也就是：在主极大范围内取 $b(\theta,\varphi)b'(\theta,\varphi)=1$，在其范围之外 $b(\theta,\varphi)b'(\theta,\varphi)=0$。所以在自导系统关键参数优化中，不对发射波束宽度与接收波束宽度进行研究。

6.2.4.1 发射频率

发射频率的优化准则是：①保证有尖锐的发射指向性、高的指向性指数和小的基阵尺寸；②使尾流气泡对发射脉冲有最大的反射；③发射机所发射的功率必须保证体积混响强度超过航行噪声，即尾流自导必须保证在混响限下检测尾流信号，不能工作于噪声限。

水中气泡在谐振时散射能量最大，单个气泡的散射功率可用下式表示：

$$W_s = \frac{4I_0\pi R^2}{(KR)^2 + \left(1 - \frac{f_r^2}{f^2}\right)} \tag{6.33}$$

式中，I_0 为入射声强；f 为工作频率；f_r 为气泡谐振频率。

当气泡处于共振时，气泡的共振频率 $f = f_r$，散射功率达到最大值：

$$W_{s\,max} = \frac{4\pi I_0}{K^2} \tag{6.34}$$

在实验室条件下，利用消声水箱和高频换能器做的大量试验可确定发射频率与气泡散射功率的关系。在水箱底部安放微孔陶瓷管，加入气体以产生气幕，用来模拟舰船尾流。模拟尾流的气泡尺度大致分布在 $10\sim150\,\mu m$ 范围内，与鱼雷检测范围极为接近；利用尾流自导发射阵发射不同频率的信号，用高频水听器接收气幕的散射信号。试验结果发现，发射频率为 $340\,kHz$ 时，气幕散射功率出现最大值（见图 6.2），本书将用模拟的理想频率作为本书的发射频率。

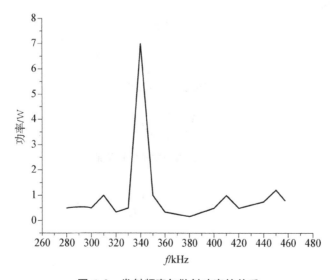

图 6.2 发射频率与散射功率的关系

6.2.4.2　发射声压

由于尾流回波信号的接收是在海面混响背景下进行的,因此必须保证发射声压要超过混响干扰的 2～3 倍。混响干扰声压与鱼雷航深、工作频率和接收机带宽有关,可进行精确的计算。此外,发射声压还必须考虑鱼雷航行噪声的影响。根据所采用的工作频段和鱼雷航速和航深,可计算出航行噪声压。发射机所发射的功率必须保证体积混响强度超过航行噪声,即尾流自导必须保证在混响限下检测尾流信号,不能工作于噪声限,这是设计中必须强调的要点。海上试验证明,当鱼雷降噪措施不力,航行噪声过大时,很难检测到尾流信号。这是因为自导工作于噪声限,自适应检测门限会提得很高,导致尾流自导作用距离显著下降。考虑以上的诸多因素,发射声压选取 1.5 Pa。

6.2.4.3　发射周期和脉宽

发射周期的选取应考虑以下两个因素:①要有足够的尾流回波信息重复率,便于信号检测;②保证各波束有最大的检测距离。

如图 6.3 所示,中间波束主轴方向鱼雷离海面距离为 H(即鱼雷航深),侧向波束主轴方向鱼雷离海面斜距为 L,偏角为 α。当鱼雷在尾流中沿尾流方向航行时,要保证左右波束都能照到尾流,即 $\alpha < \alpha_{\max}$。假设尾流的最大宽度为 W,那么,由图 6.3 有

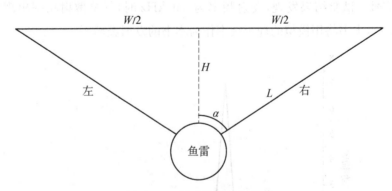

图 6.3　三波束主轴位置关系

$$\alpha_{\max} = \tan^{-1} \frac{W/2}{H} \tag{6.35}$$

相应地

$$L = \frac{H}{\cos \alpha} \tag{6.36}$$

根据鱼雷航深及侧向波束偏角,可以计算出侧向波束的尾流最大检测距离 L,那么最终计算出发射周期 T:

$$T = 2L/C \tag{6.37}$$

设定鱼雷战斗深度 14 m,尾流最大宽度 12.5 m,则 $\alpha_{max} = 24°$,可取 $\alpha = 23° < \alpha_{max}$,算出 $L = 15.15$ m,取声速 $C = 1535$ m/s,则算出 $T = 19.74$ s,设定 $T = 23$ s。

发射脉宽设计应考虑下列问题:①脉宽和周期要有合适的占空比;②在规定的发射功率下保证体积混响强度超过航行噪声;③提高尾流的反射宽度与海面反射宽度的比值可提高接收机对尾流的检测能力。根据以上优化准则,发射脉宽为 τ:

$$\tau_{min} < \tau < T \tag{6.38}$$

式中,τ_{min} 小于 1 ms。

6.2.4.4　接收带宽

接收带宽优化设计应考虑信号带宽和噪声。鱼雷航行噪声是宽带白噪声,而尾流反射信号实际上也是一种混响信号,其带宽取决于发射信号带宽、接收波束扇面对混响谱的展宽以及气泡运动造成的多普勒频移等。接收机最佳带宽应与信号带宽相匹配。

6.2.5　尾流自导鱼雷回波的两种模型

根据选取的自导系统发射频率 $f = 340$ kHz,由式(6.21)可计算出水下声衰减系数 $\beta = -0.1275$ dB。

在鱼雷反舰自导探测信号的工作频率上,气泡介质中的补充衰减量和二次散射量很小,不能对接收信号引起实质上的衰减,因此在计算尾流回波信号声压和海面混响总声压时,不考虑补充衰减和二次散射。

前文已对舰船尾流气泡场中不同半径气泡的含量进行了模拟,并假设海洋中的气泡数密度比 10 倍舰长处尾流区小 2 个数量级,可利用式(6.22)对体积散射系数 m_{kc} 和海面充气层的反向散射系数 $m_{o\delta}$ 进行计算,得到 m_{kc} 和 $m_{o\delta}$ 随时间连续变化的关系;尾流回波信号式(6.18)、海面体积混响回波信号式(6.23)及海面边界混响回波信号式(6.24)中 r 也都包含了与时间的关系:$r = 1/2 ct$,利用这一关系,可计算出位于尾流区回波信号声压随时间变化的曲线及海面混响背景的回波信号声压随时间变化的曲线。

6.2.5.1　鱼雷位于尾流区的回波信号模型及仿真数据分析

位于尾流区回波信号是尾流回波信号、海面体积混响回波信号及海面边界混响回波信号按能量进行的叠加。

$$p_{\mathrm{I}} = \sqrt{p_{\mathrm{c}}^2 + p_{\mathrm{o6}}^2 + p_{\mathrm{\tau p}}^2} \tag{6.39}$$

图 6.4 为鱼雷在距近程尾流区 10 倍、20 倍、30 倍舰长处上基阵和侧基阵位于尾流区的回波曲线。

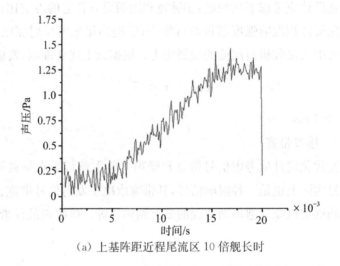

（a）上基阵距近程尾流区 10 倍舰长时

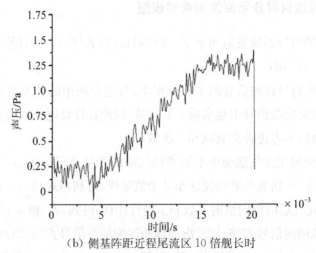

（b）侧基阵距近程尾流区 10 倍舰长时

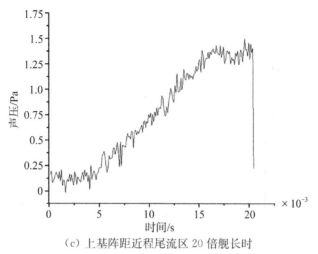

（c）上基阵距近程尾流区 20 倍舰长时

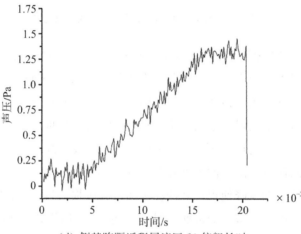

（d）侧基阵距近程尾流区 20 倍舰长时

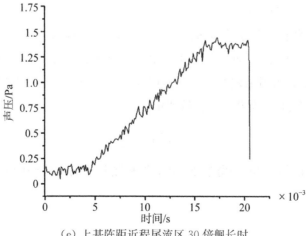

（e）上基阵距近程尾流区 30 倍舰长时

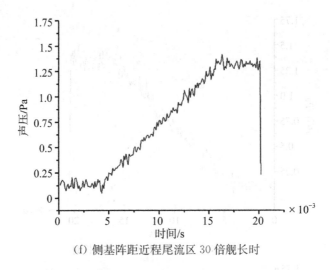

（f）侧基阵距近程尾流区 30 倍舰长时

图 6.4　不同尾流截面处的位于尾流区回波信号曲线

由图 6.4，对比上基阵和侧基阵，由于侧基阵向斜上方发射探测脉冲，传播距离较上基阵长，导致了更大的传播损失，因此，距近程尾流区同一距离截面处回波能量比上基阵小，并且由于传播距离的不同，侧基阵出现声压极大值的时间较上基阵有所滞后。对比距近程尾流区的不同距离截面的声压曲线，可见 10 倍、20 倍、30 倍舰长处的声压幅度逐渐下降，但最大值却有略微上升，这是由于尾流年龄越长，气泡溃灭导致尾流中的气泡浓度降低，因而尾流对声脉冲的吸收和散射能力都有所降低，吸收能力的下降使得声脉冲在传播过程中损失较少，有更多的声能到达海面，从而有更大的声压被海面镜面反射；散射能力的下降使得声脉冲在传播过程中散射较少，因而接收到的回波信号幅度呈下降趋势。综上所述，位于尾流区回波曲线的幅度变化符合实际。

6.2.5.2　鱼雷未位于尾流区的回波信号模型及仿真数据分析

鱼雷未位于尾流区的回波信号主要由海面充气层散射和海面边界散射海面产生，统称为混响背景的回波信号。混响背景的回波信号 $p_Ⅲ$ 通过对同一距离上的充气层散射 $p_{оδ}$ 和海面边界散射 $p_{тр}$ 按能量进行叠加。

$$p_Ⅲ = \sqrt{p_{оδ}^2 + p_{тр}^2} \tag{6.40}$$

图 6.5 为在设定的海面背景下，上基阵和侧基阵的接收到的海面混响背景回波信号曲线。

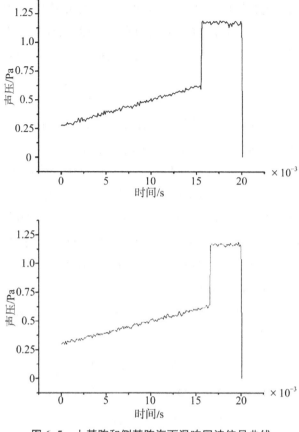

图 6.5　上基阵和侧基阵海面混响回波信号曲线

由图 6.5，对比上基阵和侧基阵，上基阵海面的反射声压大于侧基阵反射声压，在同一海面背景下，侧基阵信号出现变化点比上基阵略有所滞后，这是由于侧基阵声传播距离较远引起的。图 6.5 曲线的变化趋势与实际相符。

6.3　尾流自导鱼雷基本弹道模型研究

本节将讨论鱼雷运动过程的模拟问题，旨在给出各类基本弹道的数学模型及仿真处理方法，为下文关于鱼雷控制系统的研究提供理论支撑。

6.3.1　自导弹道仿真概述

自导鱼雷的工作过程，包括这样几个阶段：发射入水段、搜索段、捕获攻击段、再搜索再攻击段。不同的工作阶段对应着不同的弹道形式。发射入水段主要是电池供电,鱼雷启动并进行转向、寻深等一系列动作,直到闭锁时间结束,自导开机搜索目标。搜索段弹道形式多种多样,常用的有直航搜索、环形搜索、蛇形搜索及梯形搜索等。攻击段有尾追式、固定提前角式及变提前角式等弹道。在搜索段则几乎无一例外地采用环形方式。

综合鱼雷在跟踪过程的弹道形式,可以得到这样几种基本的弹道:直航弹道、蛇形弹道、环形弹道。鱼雷跟踪过程弹道往往是这几种基本弹道形式的组合。因此,要仿真鱼雷弹道关键是搞清楚如何处理这几种基本弹道。

鱼雷在海水中航行是在三维空间上的运动,对鱼雷运动及弹道的仿真也应该在三维空间进行。然而声自导鱼雷通常只在水平面表现出弹道形式的多样化,在纵平面却比较单调,即初始寻深、设定深度上的定深航行及攻击段纵平面的尾追弹道,因此在鱼雷制导系统仿真中,可只仿真水平面弹道形式,对初始寻深及追踪过程中纵平面的运动,可通过投影的方法将弹道投影到搜索深度平面来简化处理,这种方法称为等深水平面准全弹道模拟。

每一时刻鱼雷、目标运动方向及位置的求解有以下两种方法。

一是逐点累加,即

$$
\begin{cases}
X_{i+1} = X_i + V_T \Delta t \cos C_{T_i} \\
Y_{i+1} = Y_i + V_T \Delta t \sin C_{T_i} \\
C_{T_{i+1}} = C_{T_i} + \omega_T \Delta t
\end{cases}
\tag{6.41}
$$

式中,X_i、Y_i 为鱼雷瞬时坐标;C_{Ti} 为鱼雷的瞬时航向;ω_T 为鱼雷旋回角速度,直航运动时 $\omega_T = 0$;Δt 为仿真步长,通常取自导脉冲发射周期。

另一种方法是数学描述,即将鱼雷各式弹道用数学模型加以描述,从而可求解任一时刻鱼雷在平面内的位置及航向。

在这两种方法中,第一种方法简单,但当鱼雷或目标非直线运动时,用该法计算位置坐标会带来误差,而且误差随着计算点数的增多而逐渐累积增大,因此使用时应特别注意。第二种方法稍嫌复杂,但计算位置准确,且可一次计算任意时刻的位置坐标及航向,有利于仿真中简化计算。本书将采用第二种方法对鱼雷的运动进行描述。下面分别介绍各种基本弹道的数学模型及仿真处理方法。

6.3.2　直航弹道模型

如图 6.6 所示,在平面直角坐标系中,设 t_0 时刻鱼雷位于 $T_0(X_0, Y_0)$ 点,以 V_T 速度沿 C_T 方向直航运动,则此后的任一时刻 t_i 鱼雷的位置坐标为

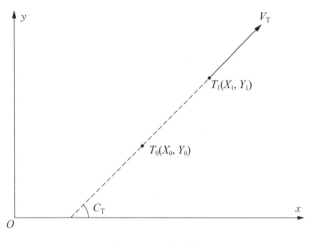

图 6.6　直航弹道

$$\begin{cases} X_i = X_0 + V_T(t_i - t_0)\cos C_T \\ Y_i = Y_0 + V_T(t_i - t_0)\sin C_T \end{cases} \tag{6.42}$$

6.3.3　蛇形弹道模型

建立鱼雷蛇形弹道的数学模型,需要先建立简化坐标系,求得鱼雷在该坐标系中的位置和航向,再通过坐标变换,求得鱼雷在原坐标系中的位置和航向。

首先以开始蛇形点 (X_S, Y_S) 为原点,以蛇形主航向为 y_1 轴建立直角坐标系 $(x_1 O_1 y_1)$,如图 6.7 所示。设鱼雷航速 V_T,以 ω_T 角速度蛇形搜索运动,蛇形视角 2α,则鱼雷在半个蛇形周期里转过的角度为 2α。设鱼雷开始蛇形时间 t_S,则以后每经过 Δt 时间,当 $\omega_T \cdot \Delta t = 2\alpha$ 时,鱼雷旋回圆心改变一次。所以这里以半个蛇形周期为基准计算。

对任一蛇形时刻 t_1,取下面的中间参数值:

$$i = I_{\text{FIX}}\left[\frac{\omega_T(t_1 - t_S)}{2\alpha}\right] \tag{6.43}$$

$$\beta = \omega_T(t_1 - t_S)\left[\text{mod}(2\alpha)\right] \tag{6.44}$$

式中,I_{FIX} 为计算机语言中取整数的函数,而 mod 为取余数。因此 i 代表鱼雷蛇形经过的半周期数,β 为当前的蛇形半周期里转过的角度。

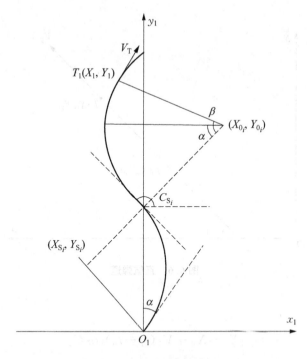

图 6.7　蛇形弹道示意图

令 (X_{S_i}, Y_{S_i}) 代表第 i 个蛇形半周期的始点,(X_0, Y_0) 代表该蛇形半周期的旋回圆心,则当 $i=0$ 时,有 $X_{S_0}=0$,$Y_{S_0}=0$。按图可求得下列关系式:

$$\begin{cases} X_{S_i}=0 \\ Y_{S_i}=2iR\sin\alpha \end{cases} \tag{6.45}$$

$$\begin{cases} X_{0_i}=X_{S_i}-(-1)^i \cdot \text{LR} \cdot R\cos\alpha \\ Y_{0_i}=Y_{S_i}+R\sin\alpha \end{cases} \tag{6.46}$$

式中,R 为鱼雷蛇形运动的旋回半径,可由 V_T/ω_T 求得;LR 为符号,其正或负代表鱼雷初始蛇形是向左或向右旋回。这样任一时刻 t_1 鱼雷蛇形到达的位置为

$$\begin{cases} X_1=X_{0_i}-(-1)^i \cdot \text{LR} \cdot R\cos(\beta-\alpha) \\ Y_1=Y_{0_i}+R\sin(\beta-\alpha) \end{cases} \tag{6.47}$$

设第 i 个蛇形半周期鱼雷初始航向为 C_{S_i},则:

$$C_{S_i}=\frac{\pi}{2}-(-1)^i \cdot \text{LR} \cdot \alpha \tag{6.48}$$

t_1 时刻鱼雷在 (X_1,Y_1) 点的航向 C_{T_1} 为

$$C_{T_1} = C_{S_i} + (-1)^i \cdot LR \cdot \beta \tag{6.49}$$

按上述模型即可求得在简化坐标下鱼雷蛇形到任一时刻的坐标和航向。为了保证鱼雷向前搜索,蛇形视角 2α 应小于 $180°$。根据上面结果,再通过坐标变换,即可得到鱼雷在原坐标系中的位置 (X,Y) 和航向 C_T,如图 6.8 所示。

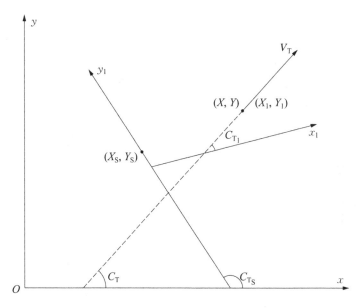

图 6.8　坐标转换时的相对关系

上面简化坐标系 y_1 轴在原坐标系中的方向即为鱼雷蛇形主航向 C_{T_S},简化坐标系原点在原坐标系中位置为蛇形开始点 (X_S,Y_S)。简化坐标系中任一点 (X_1,Y_1) 在原坐标系中的对应坐标 (X,Y) 可由下式求解:

$$\begin{cases} X = X_S + X_1 \sin C_{T_S} + Y_1 \cos C_{T_S} \\ Y = Y_S + Y_1 \sin C_{T_S} - X_1 \cos C_{T_S} \end{cases} \tag{6.50}$$

对应鱼雷实际航向 C_T 为

$$C_T = C_{T_1} + C_{T_S} - \frac{\pi}{2} \tag{6.51}$$

6.3.4　环形弹道模型

对环形弹道的仿真处理可采用同蛇形弹道相类似的方法,即先建立环形简化

坐标系,求得鱼雷环形任一时刻在简化坐标系中的位置,然后通过坐标变换求得在原坐标系中的坐标。

设鱼雷自 t_c 时刻于 (X_c, Y_c) 点及 C_{Tc} 航向开始环形搜索,环形角速度 ω_T(左旋为正,右旋为负),则以开始环形点为原点,以该时刻鱼雷航向为 y_1 轴建立直角坐标系 $(x_1O_1y_1)$(图 6.9)。

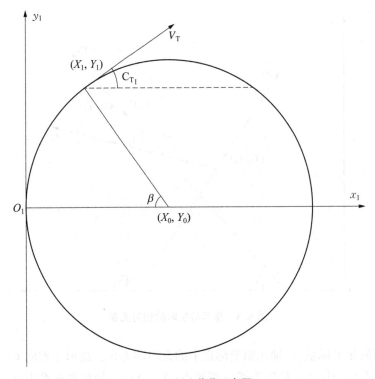

图 6.9　环形弹道示意图

设鱼雷旋回半径为 R 为

$$R = \left| \frac{V_T}{\omega_T} \right| \tag{6.52}$$

旋回圆心坐标为

$$\begin{cases} X_0 = -A \, \text{sign}(\omega_T) \cdot R \\ Y_0 = 0 \end{cases} \tag{6.53}$$

对于鱼雷环形航行任一时刻 t_1,有旋回角度:

$$\beta = \omega_{\mathrm{T}}(t_1 - t_{\mathrm{c}}) \tag{6.54}$$

则鱼雷在该时刻的位置及航向为

$$\begin{cases} X_1 = X_0 + \mathrm{sign}(\omega_{\mathrm{T}})R\cos\beta \\ Y_1 = Y_0 + R\sin|\beta| \end{cases} \tag{6.55}$$

$$C_{\mathrm{T}_1} = \frac{\pi}{2} + \beta \tag{6.56}$$

求得鱼雷在简化坐标系的坐标 (X_1, Y_1) 及航向 C_{T_1} 之后，就可通过式(6.50)、式(6.51)模型变换求解出其在原坐标系中对应的坐标及航向。不过要将式中 X_{S}、Y_{S}、$C_{\mathrm{T}_{\mathrm{S}}}$ 分别用 X_{c}、Y_{c}、$C_{\mathrm{T}_{\mathrm{c}}}$ 代替。

6.4　本章小结

本章研究了声尾流自导鱼雷的自导效能、自导回波信号以及基本弹道的相关知识，建立了各自的仿真模型。在鱼雷自导效能方面，建立了适于本书仿真研究的简化鱼雷自导效能模型；在鱼雷工作机理方面，研究了鱼雷自导声学回波的所有组成部分，并建立了各自的仿真模型；在鱼雷运动弹道方面，研究了鱼雷运动的 3 种基本弹道仿真模型。以上 3 个方面的研究成果可直接应用于舰船尾流场强与鱼雷自导效能关系的研究。

第 7 章

舰船尾流场强度与制导效能数值研究

为了对尾流场强与鱼雷自导效能关系进行研究，在前文研究基础上，本章将建立用于尾流场强与鱼雷自导效能关系研究的舰船气泡场仿真模型和尾流自导鱼雷制导系统仿真模型，分析给出不同尾流场强下的鱼雷自导效能。

7.1 尾流自导鱼雷跟踪目标数值分析基础

7.1.1 仿真关系确立

为明确尾流自导鱼雷跟踪攻击目标仿真中各模块之间的相互关系，特给出尾流自导鱼雷跟踪目标仿真关系图，如图 7.1 所示。

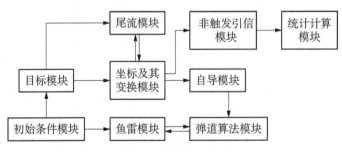

图 7.1　尾流自导鱼雷跟踪目标仿真关系

7.1.2 主要模块介绍

目标模块：给出目标舰船的运动速度、航向、机动时间及旋回角速度，舰船的长度、宽度、尾端宽度和吃水深度等。

尾流模块：给出目标舰船尾流的几何模型，尾流中的空穴模型，尾流生存时间表等。

鱼雷模块:给出鱼雷速度、深度、运动特性。

坐标及其变换模块:计算目标舰船、鱼雷位置的坐标,鱼雷相对目标舰船及其尾流的坐标。

自导模块:检测尾流,画出自导逻辑及标志点,确定是否检测到尾流。

弹道算法模块:给出弹道算法(弹道逻辑),按算法给出控制鱼雷运动的旋回角度和角速度指令。

非触发引信模块:给出按目标舰船尺寸、非触发引信作用半径及动作时间,判定鱼雷是否命中目标舰船的模型。

初始条件模块:确定计算初始条件,设定有关参数。

统计计算模块:作命中概率和速度损失统计。

7.2　舰船尾流场的数值模型

在第 1 章中已经对舰船尾流的几何模型做了详细的介绍,但要对尾流场强与鱼雷的跟踪过程进行仿真,判定鱼雷是否位于有效尾流中,必须首先建立尾流的仿真模型。尾流是时刻变化的,在目标运动的情况下每时每刻总有新的尾流产生,旧的尾流消失。在水平方向,本书采用堆栈对目标尾流进行模拟,每个仿真周期中新进栈的数据代表最新生成的尾流,出栈的数据代表消逝的尾流。在垂直方向,采用等分的方式对尾流进行模拟,设在每 0.5 m 内的气泡浓度不变。下面分别对水平方向和垂直方向舰船尾流场进行研究。

7.2.1　水平方向尾流场的仿真模型

如图 7.2 所示,将整个尾流划分为 N 个小块,O 代表当前时刻目标尾流的起点。鱼雷在任一坐标向海面发射声信号,如果鱼雷所在坐标位于四边形 $A_iA_{i+1}B_{i+1}B_i(0 < i \leqslant N)$ 当中,鱼雷的回波声压就会显示鱼雷位于尾流内。

在每一个四边形当中,点 O_{i+1} 的位置由点 O_i 递推得到,点 A_iB_i 的位置也可由点 O_i 递推,点 $A_{i+1}B_{i+1}$ 的位置确定要由点 $A_iB_iA_i$ 来推导,O_iO_{i+1} 的长度代表每个尾流四边形的长度。

尾流四边形总个数 N 的选取对尾流仿真系统有着很大的影响:

(1) N 过大,导致仿真运算量增加,致使连续几个仿真周期内鱼雷的位置始终在一个尾流四边形中,造成重复检测。

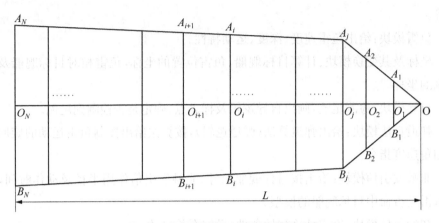

图 7.2　舰船尾流场水平面块状划分图

（2）N 过小，当目标进行机动时，相邻两个尾流四边形之间会有空隙，鱼雷恰好处在空隙当中，则检测不到尾流，从而发生错误判断。

（3）N 的选取还与尾流有效长度 C_A、仿真步长 Δt 的取值有关，要保证在目标的运动速度范围内每个仿真步长内目标运动的距离都是整数个尾流四边形。例如，每个尾流四边形的长度是 2 m，目标在 Δt 步长内运动了 6 m，则尾流堆栈产生 3 级新的堆栈，最远的 3 级尾流数据进行出栈；但如果目标在 Δt 步长内运动了 5.6 m，则在对数据进出栈进行处理时则会出现错误。所以 N、C_A、Δt 三者的选取要保证以下关系成立：

$$\frac{C_A \cdot V_m}{\Delta t \cdot V_m \cdot N} = \frac{C_A}{\Delta t \cdot N} = 整数 \tag{7.1}$$

7.2.2　垂直方向尾流场的仿真模型

以尾流水平方向轴线 OO_N 为基准的尾流厚度仿真模型如图 7.3 所示，将整个尾流厚度平均划分为 M 个小块，假设水平面内的任意一个点向海面发射脉冲，在每个四边形 $C_i C_{i+1} D_{i+1} D_i (0 < i \leqslant M)$ 内，同一尺度气泡浓度相等。

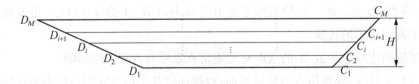

图 7.3　舰船尾流场垂直面块状划分

利用第 2 章中尾流气泡数密度分布特性的仿真数据,可以给定在尾流场仿真模型中各个深度处的不同尺度气泡浓度。

7.3　鱼雷尾流自导控制系统的数值模型

7.3.1　鱼雷尾流自导控制系统工作流程

鱼雷制导控制系统是制导系统和控制系统的总称。鱼雷制导系统是测定鱼雷并建立鱼雷与目标之间的联系,完成所需功能的整套装置,它是鱼雷武器的最基本与最重要的组成部分,是实现鱼雷武器总体性能与战技指标的核心与关键,通常为由自导系统、线导系统、控制系统等组成的闭环系统。

当不考虑鱼雷线导等过程时,鱼雷的制导系统即为其自导系统,其工作流程如图 7.4 所示。鱼雷控制系统是鱼雷中保持鱼雷相对于俯仰、偏航和滚动轴线的稳

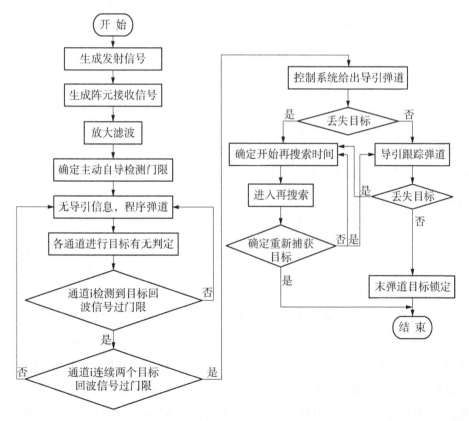

图 7.4　鱼雷自导系统工作流程图

定性,接收控制指令信号并转换成流体动力的机械运动,以改变或保持鱼雷航向的装置。由于二者的主要技术指标和仿真要求各不相同,所以在本节分自导系统和控制系统来研究。

7.3.2　尾流自导鱼雷自导系统仿真模型

7.3.2.1　尾流自导鱼雷自导系统结构

声尾流自导系统包括发射机、接收机、收发转换装置与换能器基阵,其结构框图如图7.5所示。

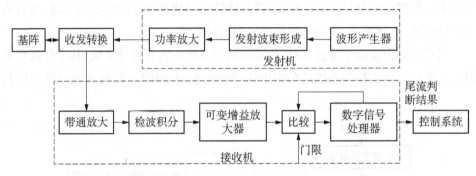

图7.5　尾流自导系统结构框图

发射机用以发射高频脉冲信号。接收机主要由带通放大、检波积分、可变增益放大器、门限比较器、数字信号处理器等组成,其作用是接收来自接收换能器的信号,经过模拟信号预处理、数字信号处理等过程,完成对接收回波信号的处理,给出尾流信号判断结果。

7.3.2.2　尾流自导鱼雷自导检测原理

声尾流自导鱼雷的自导系统,是利用声脉冲在目标尾流气泡中的反射与非尾流海面发射的差异来识别尾流,并据此判断鱼雷所处目标尾流的相对位置。声尾流自导鱼雷的上方安装声脉冲发射基阵和接收基阵,在搜索和跟踪目标尾流时,声脉冲发射基阵不断向海面发射脉冲,该脉冲在到达海面或尾流界面时产生反射,并为接收基阵所接收。当鱼雷在尾流下方时,能接收到来自尾流的较强的声散射信号,而离开尾流后,接收到的是很弱的海洋表面的声散射,通过这种声散射信号的变化来导引鱼雷在尾流下方穿梭,从而跟踪并攻击水面舰船。关于尾流气泡的声散射、海面和尾流界面的声反射在第6章中已经详细研究,这里只研究制导系统接收基阵接收信号的处理过程。

当尾流自导接收通道输出到门限器件的信号干扰比大于门限器件的工作门限时,就检测到尾流。尾流自导接收的回波信号是尾流中气泡产生的体积混响,而干扰是在无尾流时海水中的海面混响、体积混响,以及鱼雷的航行干扰之和。可以用式(7.2)表示尾流检测的条件,即

$$q_s = \frac{p_\text{I}}{\sqrt{p_\text{III}^2 + p_\text{II}^2}} > q_g \tag{7.2}$$

而

$$p_\text{III}^2 = p_\text{гр}^2 + p_\text{об}^2 \tag{7.3}$$

$$p_\text{I} = \sqrt{p_c^2 + p_\text{III}^2 + p_\text{II}^2} \tag{7.4}$$

式中,q_s 为接收通道输出端(门限器件输入端)的信号干扰比;p_I 为尾流中的体积混响声压,Pa;p_c 为尾流中的气泡体积混响声压;p_III 为无尾流时的总混响声压;$p_\text{гр}$ 为无尾流时的海面混响声压;$p_\text{об}$ 为无尾流时的体积混响声压;p_II 为鱼雷的航行干扰声压;q_g 为门限器件的动作门限。式(7.2)、式(7.3)、式(7.4)中 p_c、$p_\text{гр}$、$p_\text{об}$、p_II 的计算已在第 3 章中进行了研究。

7.3.2.3　尾流自导鱼雷信号处理

鱼雷声尾流信号处理方法主要有被动方式和主动方式两种。被动方式是利用水介质中有无气泡时声阻抗的变化来判断尾流的存在;主动方式是通过发射机向水中发射探测脉冲,接收机接收回波信号,利用水中有无气泡时回波具有不同的声学特性来判断鱼雷是否进入尾流。

影响主动声尾流回波信号强度的因素很多,如发射频率、发射声压、接收换能器灵敏度、发射/接收波束指向性、接收带宽等。同时尾流信号处理方法也具有很重要的作用,合理的信号处理方法能有效利用尾流回波信号,提高检测概率。

海面对发射机的高频信号具有恒定的强反射,尾流自导接收机将这一反射信号作为固定背景进行归一化处理,并确定相应的门限,这个过程在鱼雷进入尾流之前完成。一旦进入尾流,接收机对恒定背景下的回波信号进行检测,当尾流的散射回波信号过门限则确认捕获尾流信息。

1) 尾流信号检测门限确定

确定检测门限是为了去除干扰,可靠检测尾流信号。干扰主要有四部分:第一部分为平稳干扰,如航行干扰和海洋环境干扰;第二部分为发射混响干扰,随发射

机工作时发生;第三部分为窄脉冲干扰,如电路脉冲干扰及其随机窄脉冲干扰等;第四部分为海面反射回波。

检测门限由幅度门限和时间门限两部分组成。平稳干扰可以通过调整幅度门限消除,窄脉冲干扰、海面反射回波可以由时间门限消除。只有当信号在幅度上超过幅度门限,同时超过幅度门限的信号宽度又满足时间门限时,才可判断信号超过检测门限。

(1)幅度门限的确定。

幅度门限的确定是通过调整接收机的增益来实现的。鱼雷在进入战斗深度后,尾流接收机首先进入自适应调整阶段,接收机根据鱼雷航行噪声、海洋环境噪声、海面反射回波确定尾流接收信号检测门限,其作用是使接收机在进入尾流前不会产生虚警,同时门限又不能过高,使接收机对尾流信号有较高的灵敏度。幅度门限的确定可以采用两种方法。

方法一:在自适应调整阶段,接收机具有一个初始增益,此时接收机灵敏度最高,信号检测门限为 P_M。当噪声超过检测门限 P_M 时,则将接收增益变为 $aK_0(0 < a < 1)$,使噪声低于信号检测门限。自适应调整的范围应确保增益 $K_0 \sim aK_0$ 能够覆盖鱼雷航行噪声、海洋环境噪声的动态范围。准确测量出噪声压,确定合理幅度门限能够确保接收机的检测灵敏度。

方法二:在自适应调整阶段测量出所有接收时段上的噪声声压幅度,再加上一定的门限余量作为信号检测门限。在探测尾流阶段,当信号超过该门限,即判为尾流信号。图 7.6 是尾流检测门限建立示意图。

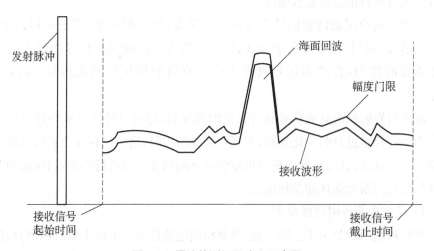

图 7.6　尾流检测门限建立示意图

方法一实现简单,但确定的门限不够精确;方法二门限确定精确,灵敏度高,但实现方法较复杂。考虑还有时间门限来共同判断鱼雷的位置,本书将采用第一种方法确定幅度门限。

（2）时间门限的确定。

接收信号是否超过变化时间门限,由以下方法判断。图 7.7 表示接收机自适应调整结束后的输出波形。图 7.7 中,τ_e 表示信号未超过幅度门限的时间宽度,它在每个工作周期中随着鱼雷航行深度的变化而变化;τ_g 表示信号超过幅度门限的时间宽度;τ_0 表示从发射探测脉冲时开始至接收通道开始接收到水声信号的时间。

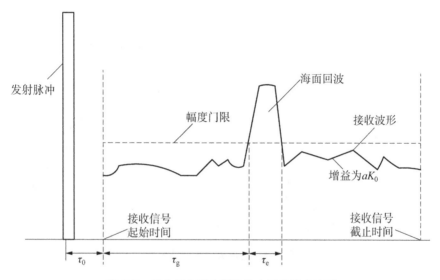

图 7.7　接收机自适应调整结束后的输出波形

在发射机工作期间,产生很强的混响干扰,确定接收信号起始时间的原则是:接收机应在发射混响衰减到不影响信号检测时才开始接收处理信号。但接收起始时间也不宜过迟,否则有可能丢失较多尾流信息。鱼雷航行深度变化,会引起变化时间门限 τ_g 变化。为了消除鱼雷航深变化给接收信号带来的影响,接收信号起始时间应随着鱼雷工作深度的变化而变化,鱼雷航行深度变深,则接收信号起始时间延迟。计算式为

$$\tau_0 = 2(H_T - H_{wa})/c \tag{7.5}$$

式中,H_T 为鱼雷搜索深度,m;H_{wa} 为尾流厚度,m;c 为海水中的声速,m/s。

在自适应调整初始阶段,噪声超过幅度门限,$\tau_e \geqslant \tau_g$,通过降低增益使 $\tau_e <$

τ_g。自适应调整结束后仍能远超过幅度门限的是海面回波,海面回波宽度很窄,相对发射脉冲仅有 $2\sim3$ 倍展宽,在合理确定接收信号起始时间后,海面回波形成的 τ_e 不会超过变化时间门限 τ_g,从而消除了海面回波的干扰。

2)尾流检测判据

自适应调整结束后,接收机进入尾流检测状态。当鱼雷进入尾流时,由于尾流有一定厚度,深层气泡和表层气泡的反射回波在时间上不同,使接收机接收到的回波声压信号形成了一定宽度,同时气泡之间散射、折射形成多途效应,使得接收到气泡回波信号的截止时间比海面回波有延迟。图 7.8 是有尾流时的回波信号。

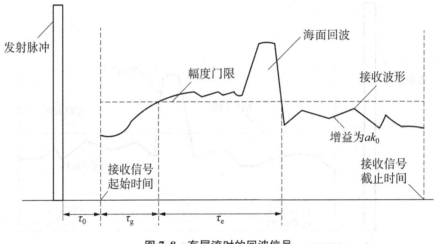

图 7.8 有尾流时的回波信号

按 τ_e 和 τ_g 值,由检测尾流的时间判据,判定该时刻自导装置的接收通道能否检测到尾流:当 $\tau_e > \tau_g$ 时,检测到尾流;当 $\tau_e < \tau_g$ 时,未检测到尾流。

7.3.3 尾流自导鱼雷控制系统仿真模型

控制系统是控制鱼雷的航行姿态、航行深度、航行弹道等的系统。本书设定鱼雷入水后在同一深度航行,因此控制系统是按照自导系统作出的判断,控制鱼雷同一深度执行基本鱼雷弹道的系统。在第 3 章中已对鱼雷的基本弹道做了详细的研究,本节将在基本弹道的基础上,设计三波束尾流自导鱼雷的弹道控制模型。

正确实现尾流自导对目标舰船的跟踪,首先要从发射平台通过设定使鱼雷得到"目标舷别"信息,从而确定鱼雷首次穿越尾流后的转向,避免反向跟踪;尾流自导鱼雷在检测、跟踪尾流过程中,通过对进出尾流时间、自身航向的测量及各探测波束检测尾流的情况,得到鱼雷相对目标尾流的运动信息,为调整导引弹道提供依据。

三波束尾流自导既可以获知鱼雷进出尾流时的时间和自身航向,还可以实时获取进出尾流时尾流相对于鱼雷的舷位以及鱼雷是否位于尾流下方等信息,利用这些信息,鱼雷在首入尾流后即可进行尾流内弹道的调整,首出尾流后采用渐开线弹道进行尾流外弹道调整,再入尾流时可以估算进入角大小,继续完成尾流内航向调整直到鱼雷航向趋于尾流走向时,进入双波束导引跟踪。在尾流具有一定宽度时,双波束导引可以保证鱼雷在尾流内不断完成直航及弹道调整而不丢失尾流,从而使跟踪弹道更为平滑,航程损失更小。

本节给出以下弹道参数的定义:$\psi_{入_i}$ 为尾流进入角,是鱼雷进入尾流时其航向与尾流走向的夹角;$\psi_{出_i}$ 为尾流离开角,是鱼雷离开尾流时其航向与尾流走向的夹角。下面主要对首入尾流、首出尾流和再入尾流弹道调整与跟踪进行研究,并完成对上述弹道参数的计算。

7.3.3.1　首入尾流弹道调整计算

鱼雷首入尾流弹道调整的目的是,在可攻击目标尾流特性范围内获取较大的尾流内调整角,使鱼雷穿越尾流后的离开角减小,同时防止在某些条件下,由于弹道调整而发生反向跟踪。

三波束尾流自导首入尾流时,实时获取了尾流舷位信息,在顺向进入尾流时,为避免反向跟踪,采取直航穿越尾流的弹道模式,不做航向调整。在正横或逆向进入尾流时,采取航向调整,按发射平台提供的目标舷别,向目标航行的方向按设定旋回角速度 ω_{T} 进行旋回,进行航向调整,鱼雷的弹道设计如图 7.9 和图 7.10 所示。

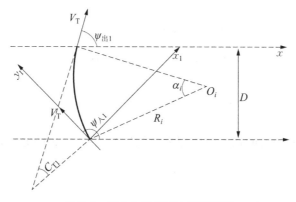

图 7.9　逆向入尾流正向调整弹道

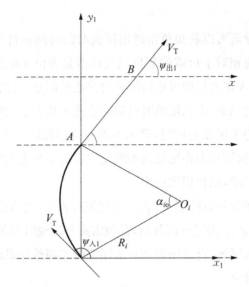

图 7.10　逆向入尾流综合调整弹道

由图 7.9 和图 7.10 可以看出，逆向入尾流正向调整弹道是一个不完整的环形弹道，而逆向入尾流正反向调整弹道则是一个半周期蛇形弹道和一个直航弹道的综合弹道。

1) 逆向入尾流正向调整弹道计算

由环形弹道计算方法，可得逆向入尾流正向调整弹道在简化坐标系中的坐标 (X_1, Y_1) 及航向 C_{T_1}。假设尾流仿真坐标系中是一条曲线，并设首入尾流的进入点是仿真坐标系的原点，将简化坐标中的坐标及航向转化到仿真坐标系中，得到鱼雷在仿真坐标系的 (X'_1, Y'_1) 及航向 C'_{T_1}：

$$\begin{cases} X'_1 = X_1 \sin C_{T_S} + Y_1 \cos C_{T_S} \\ Y'_1 = Y_1 \sin C_{T_S} - X_1 \cos C_{T_S} \end{cases} \tag{7.6}$$

$$\psi_{出_1} = C'_{T_1} = C_{T_1} + C_{T_S} - \frac{\pi}{2} \tag{7.7}$$

环形弹道中，鱼雷的初始航向即为简化坐标系中 y_1 轴的方向，可表示为

$$\psi_{入_1} = C_{T_S} \tag{7.8}$$

根据环形弹道简化坐标系的计算，得

$$C_{T_1} = \frac{\pi}{2} + \beta \qquad (7.9)$$

式中，β 为蛇形半周期里转过的角度，可表示为

$$\beta = \omega_T \cdot \Delta t_1 \qquad (7.10)$$

式中，Δt_1 为鱼雷首次穿越尾流的时间。

$$\psi_{出_1} = \beta + C_{T_S} \qquad (7.11)$$

式(7.11)表明：逆向入尾流正向调整弹道中，鱼雷出尾流的航向与尾流的宽度 D、鱼雷航速 V_T、鱼雷的角速度 ω_T 以及首入尾流的航向 C_{T_S} 有关。

2）逆向入尾流综合弹道计算

设首入尾流的进入点是仿真坐标系的原点，建立如图 7.10 所示简化坐标系。如图所示简化坐标系的原点坐标 (X_{S_0}, Y_{S_0}) 可表示为

$$\begin{cases} X_{S_0} = 0 \\ Y_{S_0} = 0 \end{cases} \qquad (7.12)$$

蛇形半周期的旋回圆心坐标 (X_0, Y_0) 可表示为

$$\begin{cases} X_0 = R\cos\alpha \\ Y_0 = R\sin\alpha \end{cases} \qquad (7.13)$$

$$\alpha = \psi_{入_1} - \frac{\pi}{2} \qquad (7.14)$$

任一时刻鱼雷蛇形到达的位置为

$$\begin{cases} X_{21} = X_0 - R\cos(\beta - \alpha) \\ Y_{21} = Y_0 + R\sin(\beta - \alpha) \end{cases} \qquad (7.15)$$

式中，β 蛇形半周期里转过的角度，可表示为

$$\beta = \omega_T \cdot \Delta t_2 \qquad (7.16)$$

鱼雷在 (X_{21}, Y_{21}) 点的航向 $C_{T_{21}}$ 可表示为

$$C_{T_{21}} = \psi_{入_1} - \beta \qquad (7.17)$$

当鱼雷运动到任意一点，自导系统检测不到尾流信息，则执行尾流外调整弹道，在仿真坐标系中表示该点为

$$\begin{cases} X'_1 = X_{21} \sin C_{T_S} + Y_{21} \cos C_{T_S} \\ Y'_1 = Y_{21} \sin C_{T_S} - X_{21} \cos C_{T_S} \end{cases} \tag{7.18}$$

$$C'_{T_1} = C_{T_{21}} + C_{T_S} - \frac{\pi}{2} \tag{7.19}$$

式(7.18)、式(7.19)中,C_{T_S} 为鱼雷蛇形主航向,即 y_1 轴在仿真坐标系中的方向。因此,可简化为

$$\begin{cases} X'_1 = X_{21} \\ Y'_1 = Y_{21} \end{cases} \tag{7.20}$$

$$\psi_{出_1} = C'_{T_1} = C_{T_{21}} \tag{7.21}$$

当鱼雷运动到点(X'_{21}, Y'_{21}),航向为 $C'_{T_{21}}$ 时,

$$\begin{cases} X'_{21} = 0 \\ Y'_{21} = 2R \sin\left(\psi_{入_1} - \frac{\pi}{2}\right) \end{cases} \tag{7.22}$$

$$C'_{T_{21}} = \pi - \psi_{入_1} \tag{7.23}$$

如果仍能检测到尾流信息,执行直航弹道,可得到简化坐标系中出尾流的坐标 (X_1, Y_1) 及航向 C_{T_1}:

$$\begin{cases} X_1 = X'_{21} + V_T \Delta t_2 \cos C'_{T_{21}} \\ Y_1 = Y'_{21} + V_T \Delta t_2 \sin C'_{T_{21}} \end{cases} \tag{7.24}$$

式中,Δt_2 为鱼雷首次穿越尾流执行直航弹道的时间。

$$C_{T_1} = C'_{T_{21}} = \pi - \psi_{入_1} \tag{7.25}$$

由综合弹道计算,可得逆向入尾流正反向调整弹道在简化坐标系中的坐标 (X_1, Y_1) 及航向 C_{T_1},转化到仿真坐标系中,可得到鱼雷在仿真坐标系的(X'_1, Y'_1) 及航向 C'_{T_1}:

$$\begin{cases} X'_1 = X_1 \sin C_{T_S} + Y_1 \cos C_{T_S} \\ Y'_1 = Y_1 \sin C_{T_S} - X_1 \cos C_{T_S} \end{cases} \tag{7.26}$$

$$C'_{T_1} = C_{T_1} + C_{T_S} - \frac{\pi}{2} \tag{7.27}$$

式(7.26)、式(7.27)中,C_{T_S} 为鱼雷蛇形主航向,即 y_1 轴在仿真坐标系中的方向。因此,可简化为

$$\begin{cases} X_1' = X_1 \\ Y_1' = Y_1 \end{cases} \tag{7.28}$$

$$\psi_{出_1} = C_{T_1}' = C_{T_1} \tag{7.29}$$

当鱼雷在执行直航弹道时,检测不到尾流信息,开始执行尾流外调整弹道。

7.3.3.2 尾流外弹道调整计算

舰船尾流是一条有限宽度,呈带状的气泡群,利用这一几何特征,可以区别尾流与海面其他气泡群。因此,尾流自导鱼雷首入尾流后,必须穿越尾流,并进行弹道旋回,实现再入尾流,从而核实尾流的真实性。首出尾流后的弹道调整应达到两个目的:一是要减小再入尾流的进入角,以求弹道的收敛;二是尽可能减小航程的损失。尾流外弹道调整通常采用逐段减小旋回角速度形成渐开线弹道的模式。根据尾流外弹道的设计原则,按照首出尾流离开角大小,选择 $\omega_{T_小}$、$\omega_{T_大}$ 两种不同的角速度,可相应形成两类尾流外弧形调整弹道。

(1) 当 $\psi_{出_1} < \dfrac{\pi}{2}$ 时,建立如图 7.11 所示的简化坐标系,简化坐标系的原点在仿真坐标系中为(X_1',Y_1'),简化坐标系中原点航向 C_{T_3} 为 $\psi_{出_1} + \dfrac{\pi}{2}$。

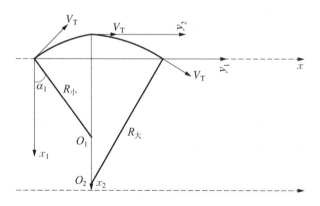

图 7.11 当首次出尾流小于 90°时尾流外弹道

蛇形运动旋回圆心坐标(X_{01},Y_{01})可表示为

$$\begin{cases} X_{01} = R_{小} \cos\alpha_1 \\ Y_{01} = R_{小} \sin\alpha_1 \end{cases} \tag{7.30}$$

$$\alpha_1 = \psi_{出_1} - \frac{\pi}{2} \tag{7.31}$$

任一时刻鱼雷蛇形运动坐标及航向,可表示为

$$\begin{cases} X_{31} = X_{01} - R\cos(\beta_1 - \alpha_1) \\ Y_{31} = Y_{01} + R\sin(\beta_1 - \alpha_1) \end{cases} \tag{7.32}$$

$$C_{T_{31}} = \psi_{出_1} - \beta_1 \tag{7.33}$$

式(7.32)、式(7.33)中,β_1 蛇形半周期里转过的角度,可表示为

$$\beta_1 = \omega_{T_大} \cdot \Delta t_3 \tag{7.34}$$

以 $R_小$ 为半径作蛇形运动,当 $C_{T_{31}} = \dfrac{\pi}{2}$ 时,鱼雷在简化坐标系的坐标为

$$\begin{cases} X'_{31} = X_{01} - R \\ Y'_{31} = Y_{01} \end{cases} \tag{7.35}$$

转化到仿真坐标系中坐标及航向为

$$\begin{cases} X''_{31} = X'_1 + X'_{31}\sin C_{T_S} + Y'_{31}\cos C_{T_S} \\ Y''_{31} = Y'_1 + Y'_{31}\sin C_{T_S} - X'_{31}\cos C_{T_S} \end{cases} \tag{7.36}$$

式中,$C_{T_S} = 0$。

$$C''_{T_{31}} = 0 \tag{7.37}$$

再以 (X'_{31}, Y'_{31}) 点为原点建立 $(x_2 O y_2)$ 简化坐标系,作以 $R_大$ 为半径的环形运动,环形旋回圆心坐标 (X_{02}, Y_{02}) 可表示为

$$\begin{cases} X_{02} = R_大 \\ Y_{02} = 0 \end{cases} \tag{7.38}$$

任一时刻鱼雷环形运动坐标及航向为

$$\begin{cases} X_2 = X_{02} - R_大 \cos\beta_2 \\ Y_2 = Y_{02} + R_大 \sin\beta_2 \end{cases} \tag{7.39}$$

$$C_{T_2} = \frac{\pi}{2} - \beta_2 \tag{7.40}$$

$$\beta_2 = \omega_T \cdot \Delta t_4 \tag{7.41}$$

当自导系统再次检测到尾流后，说明鱼雷再入尾流，转化此时鱼雷在仿真坐标系中坐标，鱼雷开始执行再入尾流弹道，在仿真坐标系中的坐标及航向可表示为

$$\begin{cases} X'_2 = X''_{31} + X_2 \sin C_{T_S} + Y_2 \cos C_{T_S} \\ Y'_2 = Y''_{31} + Y_2 \sin C_{T_S} - X_2 \cos C_{T_S} \end{cases} \tag{7.42}$$

式中，$C_{T_S} = 0$。

$$C_{T_2} = -\beta_2 \tag{7.43}$$

（2）当 $\psi_{出_1} \geqslant \dfrac{\pi}{2}$ 时，建立如图 7.12 所示的简化坐标系，简化坐标系的原点在仿真坐标系中为 (X'_1, Y'_1)，简化坐标系中原点航向 C_{T_3} 为 $\dfrac{\pi}{2}$。

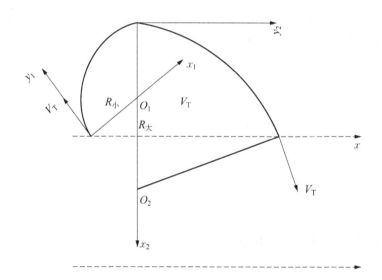

图 7.12 当首次出尾流大于 90°时尾流外弹道

首先在简化坐标系 $x_1 O_1 y_1$ 中以旋回半径 $R_小$ 做环形运动，圆心坐标可表示为

$$\begin{cases} X_{03} = R_小 \\ Y_{03} = 0 \end{cases} \tag{7.44}$$

任意时刻在简化坐标系中鱼雷坐标及航向可表示为

$$\begin{cases} X_{41} = X_{03} - R_{\text{小}} \cos\beta_3 \\ Y_{41} = Y_{03} + R_{\text{小}} \sin\beta_3 \end{cases} \tag{7.45}$$

$$C_{T_{41}} = \frac{\pi}{2} - \beta_3 \tag{7.46}$$

$$\beta_3 = \omega_T \cdot \Delta t_5 \tag{7.47}$$

转化到仿真坐标系中,鱼雷坐标及航向为

$$\begin{cases} X'_{41} = X'_1 + X_{41} \sin C_{T_S} + Y_{41} \cos C_{T_S} \\ Y'_{41} = Y'_1 + Y_{41} \sin C_{T_S} - X_{41} \cos C_{T_S} \end{cases} \tag{7.48}$$

式中,$C_{T_S} = \psi_{\text{出}_1}$。

$$C'_{T_{41}} = C_{T_{41}} + \psi_{\text{出}_1} - \frac{\pi}{2} \tag{7.49}$$

当 $C'_{T_{41}} = \dfrac{\pi}{2}$ 时,以此刻坐标 (X''_{41}, Y''_{41}) 为原点建立如图 7.10 所示 $x_2 O_2 y_2$ 坐标系,在 $x_2 O_2 y_2$ 坐标系中以 $R_{\text{大}}$ 为半径做环形运动,同上可得到当鱼雷再次检测到尾流时,在仿真坐标系中的坐标,可表示为

$$\begin{cases} X'_2 = X''_{41} + X_2 \sin C_{T_S} + Y_2 \cos C_{T_S} \\ Y'_2 = Y''_{41} + Y_2 \sin C_{T_S} - X_2 \cos C_{T_S} \end{cases} \tag{7.50}$$

式中,$C_{T_S} = 0$;在简化坐标系中任意时刻的坐标为

$$\begin{cases} X_2 = X_{04} - R_{\text{大}} \cos\beta_4 \\ Y_2 = Y_{04} + R_{\text{大}} \sin\beta_4 \end{cases} \tag{7.51}$$

$$\beta_4 = \omega_T \cdot \Delta t_6 \tag{7.52}$$

在仿真坐标系中,鱼雷的航向可表示为

$$C_{T_2} = -\beta_4 \tag{7.53}$$

由图 7.11 和图 7.12 可知,由两种旋回角速度形成的尾流外弹道,可有效地调整鱼雷再入尾流的角度,形成理想的渐开线弹道。尾流外旋回角增大虽能减小再入尾流的进入角,但也会增大航程损失,因此,旋回角的选取需做到进入角减小和航程损失兼顾。

7.3.3.3　再入出尾流弹道调整计算

再入出尾流是在首入尾流航向调整和尾流外弹道调整后执行的,此时完成了

尾流的核实,同时,再入尾流的进入角在首入尾流调整和尾流外弹道调整后已有一定的减少。三波束尾流自导鱼雷经过两次调整后无论以多大角度首入尾流,再入尾流的进入角都收敛到 40°~70°区间。再入出尾流弹道调整的目的是通过航向旋回,使鱼雷航向趋于尾流走向并力求再入尾流期间实现双波束导引,此后按所获取的尾流舷位信息,在尾流内实现导引,而不丢失尾流。

采用上文介绍的首入尾流弹道调整和尾流外弹道调整的方法,并选取不同的旋回角速度(通常小于首入出尾流的角速度),可实现鱼雷再入出尾流。当实现双波束导引后,鱼雷就以一个恒定的角速度进行尾流内蛇形运动。

7.4　不同尾流场强下鱼雷制导效能数值分析

通过调整参数仿真了自然尾流及尾流场强为自然尾流的 80%、50%、30%四种情况下鱼雷从 40 倍舰长入尾流、30 倍舰长入尾流、20 倍舰长入尾流时的鱼雷跟踪目标的过程;采用 MonteCarlo 法对仿真数据进行整理分析,可得出不同情况下鱼雷攻击的命中概率,从而可计算出鱼雷在不同情况下的鱼雷自导效能。

7.4.1　鱼雷跟踪目标的仿真概述

7.4.1.1　鱼雷跟踪目标的仿真

鱼雷从 30 倍舰长入尾流情况下,鱼雷成功跟踪自然尾流的仿真图如图 7.13 所示。

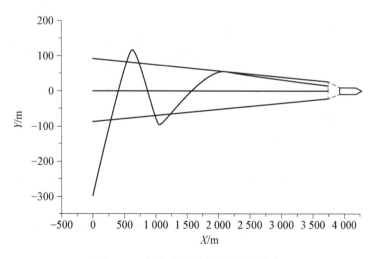

图 7.13　鱼雷成功跟踪自然尾流仿真

　　在鱼雷从 30 倍舰长入尾流情况下,鱼雷成功跟踪尾流场强为自然尾流 80％尾流的仿真图如图 7.14 所示。

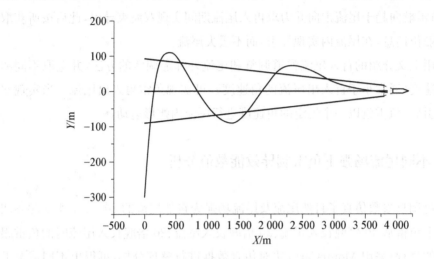

图 7.14　鱼雷成功跟踪尾流场强为自然尾流 80％尾流的仿真

　　在鱼雷从 30 倍舰长入尾流情况下,鱼雷成功跟踪尾流场强为自然尾流 50％尾流的仿真如图 7.15 所示。

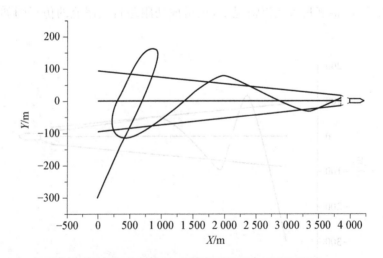

图 7.15　鱼雷成功跟踪尾流场强为自然尾流 50％尾流的仿真

　　在鱼雷从 30 倍舰长入尾流情况下,鱼雷未成功跟踪尾流场强为自然尾流 30%尾流的仿真如图 7.16 所示。

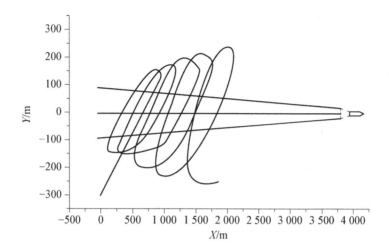

图 7.16　鱼雷未成功跟踪尾流场强为自然尾流 30%尾流的仿真

　　从鱼雷跟踪目标相对运动仿真图可以直观地看出:在鱼雷跟踪自然尾流情况下,由于尾流场强大,鱼雷很容易跟踪目标,并且鱼雷运动的路程也较短;当尾流场强下降时,虽然鱼雷也能成功跟踪目标,但鱼雷的运动路程有明显的增加;当尾流的尾流场强下降到自然尾流的 30%时,由于鱼雷运动路程太长,燃料耗尽而无法继续搜索目标,由此推断:鱼雷自导效能随舰船尾流气泡场强的降低而明显降低。

7.4.1.2　仿真结果的分析方法

　　采用 MonteCarlo 法对仿真数据进行深入分析。具体思路:针对不同的鱼雷进入尾流位置情况下,尾流场强为自然尾流的 80%、50%、30%四种状态下鱼雷跟踪目标进行仿真试验,对不同鱼雷进入位置不同尾流场强情况进行多次仿真试验,对试验结果进行分析。

　　某型鱼雷占领最佳发射阵位概率 $P_p = 0.78$、毁伤概率 $P_d = 0.99$、突防概率 $P_r = 0.85$、生存概率 $P_s = 0.97$;我方鱼雷武器系统先于目标实施攻击的概率 $P_A = 0.83$;目标武器系统正常工作的概率 $\bar{R} = 0.99$;目标武器系统的作战能力 $\bar{P} = 0.97$。代入式(7.17),可得到鱼雷自导效能 $S_E = 0.543\,7P_h$。

7.4.2 鱼雷跟踪自然尾流时的仿真分析

根据鱼雷跟踪目标概率与鱼雷自导效能的关系,可以计算出在鱼雷跟踪自然尾流情况下其自导效能,如表7.1所示。

表7.1 跟踪自然尾流时鱼雷自导效能

参数	鱼雷进入尾流位置		
	40 倍舰长	30 倍舰长	20 倍舰长
鱼雷跟踪成功概率(P_h)	0.99	1	1
鱼雷自导效能(S_E)	0.538 3	0.543 7	0.543 7

通过仿真数据可以看出,在鱼雷跟踪自然尾流目标时,鱼雷自导效能基本不受进入尾流位置的影响;40 倍的舰长进入尾流是鱼雷跟踪的合适位置,不但可以成功打击敌舰,也可降低自身被敌发现的概率。

7.4.3 鱼雷跟踪气泡场强为自然尾流 80% 时的仿真分析

采用相同的方法,计算出在鱼雷跟踪尾流场强为自然尾流 80% 情况下其自导效能,如表7.2所示。

表7.2 跟踪尾流场强为自然尾流 80% 时的鱼雷自导效能

参数	鱼雷进入尾流位置		
	40 倍舰长	30 倍舰长	20 倍舰长
鱼雷跟踪成功概率(P_h)	0.9	0.95	1
鱼雷自导效能(S_E)	0.489 3	0.516 5	0.543 7

通过仿真数据可知,当尾流的尾流场强为自然尾流的 80% 时,鱼雷从较远位置进入尾流,由于尾流场强的降低其自导效能有一定的下降;从较近的位置进入尾流鱼雷自导效能没有变化,这是由于较近的鱼雷进入尾流位置处尾流场强虽有所变化,但其产生的回波信号仍在鱼雷自导系统可识别的范围内。

7.4.4 鱼雷跟踪气泡场强为自然尾流 50% 时的仿真分析

采用同样的方法,计算出在鱼雷跟踪尾流场强为自然尾流 50% 情况下鱼雷自导效能,如表 7.3 所示。

表 7.3　跟踪尾流场强为自然尾流 50% 时的鱼雷自导效能

参数	鱼雷进入尾流位置		
	40 倍舰长	30 倍舰长	20 倍舰长
鱼雷跟踪成功概率(P_h)	0.57	0.73	0.84
鱼雷自导效能(S_E)	0.309 9	0.380 6	0.456 7

分析仿真数据可以看出,当尾流的尾流场强进一步下降至自然尾流的 50%时,鱼雷从各个位置进入尾流其自导效能也进一步降低;而且鱼雷从 20 倍舰长位置进入尾流时其自导效能的降低,反映出在这个鱼雷进入尾流的位置上,由于尾流场强的下降,鱼雷识别尾流回波的能力也有了一定量的下降。

7.4.5　鱼雷跟踪气泡场强为自然尾流 30% 时的仿真分析

采用同上的方法,计算出在鱼雷跟踪尾流场强为自然尾流 30%情况下其自导效能,如表 7.4 所示。

表 7.4　跟踪尾流场强为自然尾流 30% 时的鱼雷自导效能

参数	鱼雷进入尾流位置		
	40 倍舰长	30 倍舰长	20 倍舰长
鱼雷跟踪成功概率(P_h)	0.09	0.13	0.24
鱼雷自导效能(S_E)	0.048 9	0.070 7	0.130 5

根据仿真数据可知,当尾流的尾流场强下降到自然尾流的 30%时,鱼雷无论从任何位置进入尾流,鱼雷都几乎无法跟踪目标,这为鱼雷防御技术发展提供了很好的思路。

7.4.6　鱼雷跟踪不同强度尾流时的仿真结果比较

综上分析,可以得出鱼雷跟踪不同强度尾流时的仿真结果,如表 7.5 所示,P_h 为鱼雷跟踪成功概率;S_E 为鱼雷自导效能。

表 7.5　鱼雷跟踪不同强度尾流时自导效能

鱼雷入尾流位置	尾流气泡强度							
	自然尾流		80%自然尾流		50%自然尾流		30%自然尾流	
	P_h	S_E	P_h	S_E	P_h	S_E	P_h	S_E
40 倍舰长	0.99	0.538 3	0.9	0.489 3	0.57	0.309 9	0.09	0.048 9
30 倍舰长	1.0	0.543 7	0.95	0.516 5	0.73	0.380 6	0.13	0.070 7
20 倍舰长	1.0	0.543 7	1.0	0.543 7	0.84	0.456 7	0.24	0.130 5

从上表可以分析出：在相同的入尾流位置情况下，鱼雷的自导效能随着尾流场强的减弱而明显下降，如当尾流场强减至自然尾流的 30% 时，鱼雷从距舰船 40 倍舰长处入尾流，其自导效能可降至 5% 以下，几乎无法跟踪目标。这一现象可为舰船尾流抑制技术相关课题研究提供理论支撑，也可为我国先进尾流自导鱼雷的设计提供参考。

7.5　本章小结

本章研究了舰船尾流场的仿真模型和尾流自导鱼雷的制导系统，并建立了尾流自导鱼雷跟踪目标的仿真模型，通过建立的模型仿真出了鱼雷从不同位置进入不同尾流场强的尾流时其自导效能的变化情况，通过仿真数据可以得出结论：降低尾流场强，可大大降低鱼雷自导效能。

第8章

舰船尾流场强度与制导效能试验研究

目前针对舰船尾流气泡消隐技术，多数研究已从模拟尾流气泡试验的角度，采用相应的消隐技术对控制效果进行了分析，但却少有从舰船螺旋桨尾流角度进行消隐技术效果分析，且未能从应用上进行技术的反制导效果分析论证。为更加贴近舰船尾流消隐的实际情况，本章则对舰船螺旋桨尾流进行了实船尾流气泡消除试验，采用尾流气泡分布特征检测试验方法，对控制后的舰船尾流场分布特征进行了模型构建与分析，并从反声尾流自导鱼雷制导角度进行了反制导效果分析，验证技术可行性，以期可观的工程应用效果。

8.1 舰船不同尾流场强度模拟试验

8.1.1 试验平台搭建

本书的试验平台可分为海上试验目标船、尾流气泡控制装置和尾流气泡跟踪采集系统三部分，整体试验平台如图 8.1 所示。

8.1.1.1 尾流气泡控制装置

本试验采用抗高压材质 Pu 软管作为载体，将其反复弯折形成阵列固定在同一平面呈板状，一端连接在空压机上持续通气，并在 Pu 软管阵列平面垂直方向上

图 8.1 舰船尾流气泡控制试验平台

开微孔，放入水下通气测试则可产生具有一定覆盖面积的气泡群。通过调整 Pu 管长度则可改变气泡群的覆盖面积，调整微孔的大小可改变气泡生成的尺寸，调整微

孔的数量可改变气泡生成的数密度,尾流气泡生成问题由此可解决。

8.1.1.2　尾流气泡控制装置组装

经试验观察可知,本试验所采用的试验目标船产生尾流时,由于船体较小,尾流气泡由于船体碰撞等原因产生的尾流气泡效果较弱,尾流气泡的主要产生因素为螺旋桨的空泡作用,即尾流气泡生成于螺旋桨上方。考虑此因素,本试验将气泡控制装置加装于螺旋桨正下方,并保证其距螺旋桨的距离长度可调;同时为减少目标船航行过程中所受阻力,将装置调整到与水面平行,连接空压机的导气管固定在螺旋桨挂机的舵杆上,保证航行过程中操舵不受影响。

试验中所应用的装置可产生一定长矩形覆盖面积尾流气泡,其产生的气泡幕宽度与尾流微气泡初始生成时的尾流宽度相当,下放深度足够,从而从尾流生成源头控制尾流微气泡群的数密度。经过尾流气泡控制的尾流场几何分布大致形状不会受到影响。

本试验目标船螺旋桨正下方加装固定了尾流气泡控制装置,船上配载供气源空压机与之连接,目标船航行时,通过空压机通气则可在螺旋桨空泡区域下方产生三维的尾流气泡群。

海上试验平台示意图如图 8.2 所示:

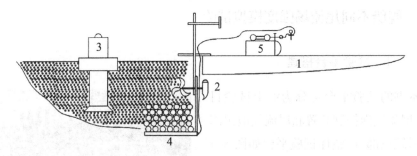

1——海上试验目标船;2——目标船推进系统;3——为尾流气泡跟踪采集系统;4——尾流气泡控制装置;5——空压机。

图 8.2　海上试验平台示意图

8.1.2　试验步骤流程

8.1.2.1　选择合适海试条件

考虑上述条件因素,试验场地、天气、海况等需尽量与控制前特征检测试验保持一致,即试验场地仍为大连老虎滩菱角湾水深 3 m 以上开阔海域;海况选取 1—2

级海况,保证水面平静;天气情况选取风力小于 2 级、晴朗、温度适宜的天气条件。海试实况如图 8.3 所示。

8.1.2.2　明确试验步骤内容

1)试验准备

在试验前完成冲锋舟充气、空压机充气满载、蓄电池充电、相机安装、推进电机调试、浮筒组装、尾流气泡控制装置组装及调试等工作。

图 8.3　海试实况

2)人员分工

试验人员由 4 人组成,2 人负责在冲锋舟上完成尾流气泡控制试验以及试验数据的采集,1 人负责在岸上对试验数据进行初步处理以及时修正试验方案,1 人负责保障试验设备和人员的安全。

3)数据采集

保证试验航速条件与控制前相同,即仍选取 12 r/s、15 r/s、18 r/s、21 r/s、24 r/s、27 r/s、30 r/s 这 7 组转速航行工况进行航行试验。1 人负责螺旋桨转速的变化以及尾流气泡控制装置的通气,1 人负责浮筒的释放和回收,并实时观察控制情况。

试验数据采集时为尾流气泡初生时,选取尾流宽度中心为采集区域,可保证数据的代表性,尽可能消除试验误差。

(1)首先进行尾流气泡控制试验,将冲锋舟航行至合适水深,避免四周避免效应的影响,打开尾流气泡控制装置通气阀门,调整气压,保证气泡均匀稳定生成排出,以待尾流控制。

(2)在尾流气泡持续生成的同时,将螺旋桨转速增加至 12 r/s,并同时测定记录此时航速,保持转速稳定 3 min 后,在尾流气泡发生区,尾流宽度中心区域释放浮筒,释放时保持相机和光源开启,并同时关闭尾流气泡控制装置,保持浮筒随波漂流一定时间,当观察发现海面尾流气泡消失后收回浮筒,至此该转速下一次试验结束。每组转速做 3 次平行试验,以消除试验误差。

(3)增加螺旋桨转速,重复(1)、(2)步骤,保证 12 r/s、15 r/s、18 r/s、21 r/s、24 r/s、27 r/s、30 r/s 共 7 组转速航行工况试验完整。

(4)拆卸尾流气泡控制生成装置、回收尾流气泡跟踪采集系统浮标及其他试验设备。导出控制后尾流气泡图像数据,进行图像处理,得出每组转速试验的数值参数。

8.1.2.3　试验过程总结

试验完成后,对试验过程中出现的问题进行汇总,以期完善尾流气泡控制装置及整体试验平台。

8.2　不同强度舰船尾流场特征分布模型

进行尾流气泡控制试验的舰船尾流场视频图像处理及分析方法采用拍摄帧数为 240 帧/s,光带厚度为 4 mm,相机拍摄画面的实际二维尺寸为 85.6 mm × 113.9 mm,可认为摄像机拍摄到的三维区域为 85.6 mm × 113.9 mm × 4 mm 长方体。控制后试验图像处理前后的单帧图片效果如图 8.4 所示。

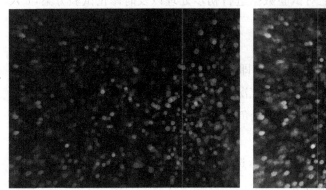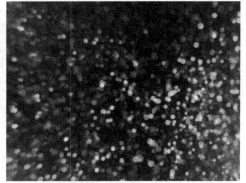

图 8.4　尾流气泡初生时刻分帧图片图像处理前后效果

从图 8.4 中可以看出,控制后的尾流气泡数密度有明显减少,气泡半径则变化不大,后续数据处理及模型构建中将进行详细分析。

8.2.1　控制后尾流场数密度衰减模型与分析

8.2.1.1　模型构建

计算 7 个转速工况下尾流气泡控制后所产生的尾流场中每一时刻气泡的数密度,通过 origin 将气泡数密度和时间进行作图拟合如下(见图 8.5):

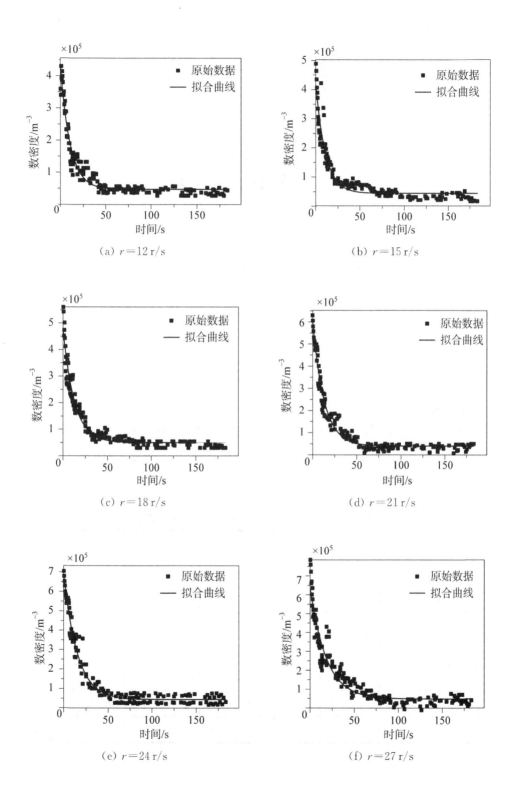

(a) $r = 12\,\mathrm{r/s}$　　　　　　　　(b) $r = 15\,\mathrm{r/s}$

(c) $r = 18\,\mathrm{r/s}$　　　　　　　　(d) $r = 21\,\mathrm{r/s}$

(e) $r = 24\,\mathrm{r/s}$　　　　　　　　(f) $r = 27\,\mathrm{r/s}$

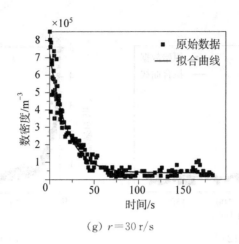

（g）$r=30\,\text{r/s}$

图 8.5 控制后不同螺旋桨转速气泡数密度衰减曲线

将气泡数密度对时间进行衰减指数方程拟合,得出数密度衰减模型如下:

$$n'_s(r) = n'_0 + n'_1 \exp\left(-\frac{t}{t'_1}\right) \tag{8.1}$$

式中,$n'_s(r)$ 表示螺旋桨转速为 r 时尾流场气泡数密度,m^{-3};n'_0、n'_1、t'_1 表示与螺旋桨转速相关的常数;t 表示时间,s。

表 8.1 为控制后不同螺旋桨转速情况下尾流场气泡数密度衰减模型的各项常数取值,从表 8.1 中可以看出,螺旋桨转速越低,控制后数密度衰减模型拟合优度 R^2 越高,即模型越准确。

表 8.1 不同螺旋桨转速对应航速及其余各项常参数数值

螺旋桨转速 r/(r/s)	航速 V/(m/s)	n'_0	n'_1	t'_1	R^2
12	1.2	4.924×10^4	3.694×10^5	9.484	0.962 8
15	1.5	4.936×10^4	3.918×10^5	10.29	0.950 1
18	1.8	4.945×10^4	4.532×10^5	11.77	0.944 3
21	2.1	4.953×10^4	5.037×10^5	12.98	0.937 9
24	2.4	4.967×10^4	5.669×10^5	15.25	0.928 8
27	2.7	4.976×10^4	6.291×10^5	17.89	0.913 5
30	3	4.988×10^4	6.876×10^5	19.31	0.902 2

同样,控制后的尾流场气泡数密度衰减模型也有其适用性:

(1) 该模型仅适用于应用尾流气泡控制法消尾流后的单桨单舵螺旋桨舰船尾流场特征分布,且模型中 n_0'、n_1'、t_1' 等参数因不同舰船螺旋桨条件而异。

(2) 对于不同海况条件下行驶的螺旋桨舰船,模型仅适用于港内、近海等一般海况,受风、浪、涌影响较大的恶劣海况除外。

8.2.1.2　模型及结果分析

(1) 从图 8.5 可以看出,控制后的尾流场气泡数密度随时间也呈指数衰减。初始时刻,不同螺旋桨转速的控制后尾流场气泡数密度不同,螺旋桨转速越高,数密度越大,转速为 30 r/s 时可达 8.5×10^5 m^{-3},与控制前转速相同时的 7×10^6 m^{-3} 相比,低一个数量级;初始短时间内,数密度衰减很快,降低到某一稳定值附近时,衰减逐渐变平缓,不同螺旋桨转速下该稳定值大致相同,均在 4.9×10^4 m^{-3} 左右,与控制前的稳定值 5×10^4 m^{-3} 相比,相差不大,减小甚微,仍可视为无尾流气泡时的海洋背景值的气泡数密度。

(2) 结合图 8.5 及表 8.1,控制后的尾流场气泡数密度衰减趋势和控制前一样,均为螺旋桨转速越高,数密度衰减至平缓区附近所需的时间越长,螺旋桨转速为 30 r/s 时,数密度衰减到平缓区需 20 s 左右,对比控制前尾流气泡数密度衰减到平缓区所需的 53 s,时间上有很大减小,根据水中气泡运动特性,气泡尺寸越大,气泡上浮速度越快,到达水面破裂所需的时间越短,体现在总体的尾流气泡数密度上就是数密度衰减变快。

(3) 从图 8.5 及表 8.1 中可以看出,与尾流气泡控制前情况相同,螺旋桨转速越低,数据点越集中,R^2 越大,拟合效果越好,说明,螺旋桨转速越低,控制后的尾流场气泡数密度衰减模型也越准确。

8.2.2　控制后尾流场尺寸分布模型与分析

8.2.2.1　模型构建

为准确分析控制后尾流场中气泡的尺度分布特性,计算此时 7 个转速工况下诸多半径气泡的数密度分布,并通过 origin 将气泡数密度和气泡半径进行作图拟合如下(见图 8.6):

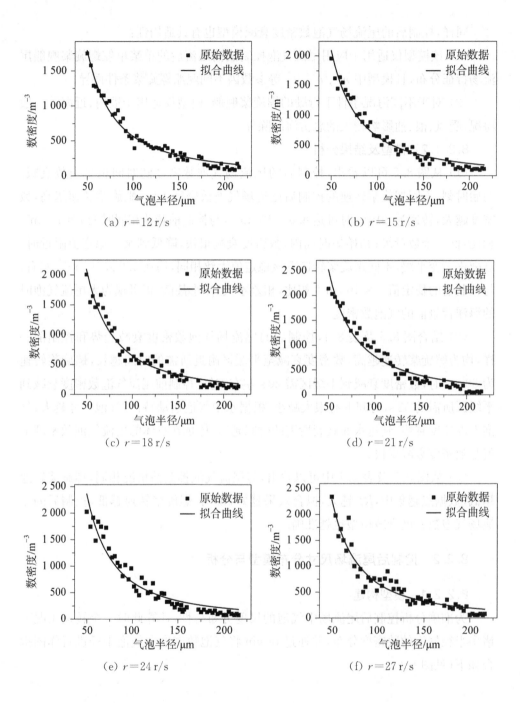

(a) $r=12\,\mathrm{r/s}$

(b) $r=15\,\mathrm{r/s}$

(c) $r=18\,\mathrm{r/s}$

(d) $r=21\,\mathrm{r/s}$

(e) $r=24\,\mathrm{r/s}$

(f) $r=27\,\mathrm{r/s}$

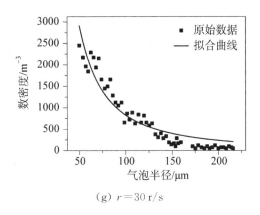

（g）$r=30\,\text{r/s}$

图 8.6　不同螺旋桨转速气泡半径数密度分布

参照控制前尾流场气泡尺寸分布模型,同样将尾流气泡控制试验所得 7 种螺旋桨转速工况的数据中气泡数密度对气泡半径进行拟合,得出尺寸分布模型如下:

$$n'_c(r) = c' \cdot a^{-b'} \tag{8.2}$$

式中,$n'_c(r)$ 表示螺旋桨转速为 r 时尾流场中气泡半径为 R 的气泡数密度,m^{-3};a 表示气泡半径,μm;c'、b' 表示特征参数,与螺旋桨转速、尺寸等相关。

表 8.2 为控制后不同螺旋桨转速情况下尾流气泡尺寸分布模型的各项常数取值,从表 8.2 中可以看出,螺旋桨转速越低,控制后尾流气泡尺寸分布模型拟合优度 R^2 越高,即模型越准确。

表 8.2　不同螺旋桨转速对应航速及其余各项常参数数值

螺旋桨转速 r/(r/s)	航速 V/(m/s)	c'	b'	R^2
12	1.2	1.174×10^6	1.658	0.974 5
15	1.5	1.462×10^6	1.675	0.961 7
18	1.8	1.787×10^6	1.695	0.950 4
21	2.1	2.011×10^6	1.708	0.942 3
24	2.4	2.329×10^6	1.752	0.928 9
27	2.7	2.619×10^6	1.781	0.918 5
30	3	2.908×10^6	1.807	0.902 2

同样,控制后的尾流场气泡尺寸分布模型也有其适用性:

（1）该模型仅适用于应用尾流气泡控制法消尾流后的单桨单舵螺旋桨舰船尾流场特征分布，且模型中 c'、b' 等参数因不同舰船螺旋桨条件而异。

（2）对于不同海况条件下行驶的螺旋桨舰船，模型仅适用于港内、近海等一般海况，受风、浪、涌影响较大的恶劣海况除外。

8.2.2.2　模型及结果分析

（1）从图 8.6 中可知，尾流气泡初始生成时，各尺寸半径的气泡的数密度不同，其中气泡半径尺寸在 $50\ \mu m$ 左右时的气泡数密度最大，而后随着气泡尺寸的增加，其对应的气泡数密度呈幂函数减小，半径增大至 $200\ \mu m$ 左右时，其所对应气泡数密度达到最低。

对比控制前尾流场的气泡尺寸分布，控制后气泡数密度峰值半径与最低值半径大致相同，从气泡径向运动角度分析，某一半径附近的气泡可刚好经历从初生至浮到水面破碎，使其在水中存活时间最长，本试验中则在 $50\ \mu m$ 左右，所以导致无论控制前还是控制后，尾流气泡的尺寸分布峰值半径是一样的；至于尺寸分布最低值半径，由于本试验采用的试验目标船为冲锋舟，其所产生的尾流纵深方向上较浅，气泡径向运动的距离就有一定限制，且考虑近海面所受到的湍流及流动力的影响，导致尺寸大于最低值半径的气泡无法长时间存活，本试验无法检测到，所以导致控制前后尾流场气泡尺寸分布的最低值半径也大致相同。

（2）从图 8.6 中可知，螺旋桨转速的不同，与控制后尾流场中各类尺寸气泡的数密度分布无明显关系，但随着螺旋桨转速的增加，各个半径气泡的数密度均增大，螺旋桨转速为 $30\ r/s$ 时，半径在 $40\sim50\ \mu m$ 区间的气泡的数密度可达 $2\,500\ m^{-3}$，对比相同螺旋桨转速下尾流气泡控制前的数值 $20\,000\ m^{-3}$，控制后较之低了一个数量级，这与气泡数密度衰减一致。

（3）从图 8.6 及表 8.2 中可知，与尾流气泡控制前情况相同，螺旋桨转速越低，数据点越集中，R^2 越大，拟合效果越好，说明，螺旋桨转速越低，控制后的尾流场气泡尺寸分布模型也越准确。

8.3　舰船尾流气泡控制技术反制导效果分析

由声尾流自导鱼雷制导原理可知，现广泛应用的主动式尾流自导鱼雷检测有无尾流两种情况的回波示意图如图 8.7 所示。

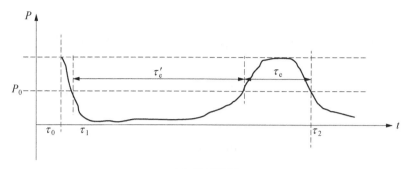

(a) 无尾流区

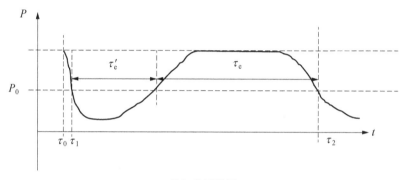

(b) 有尾流区

图 8.7　声尾流自导鱼雷检测尾流回波示意图

其中 P_0 为声压检测门限；τ_0 为探测声波发射结束时间；τ_1、τ_2 分别为检测区间内声波接收的开始、结束时间；τ_e' 为不过声压检测门限的时间长度；τ_e 为超过声压检测门限的时间长度。声尾流自导鱼雷检测尾流的原理就是在检测区间（$\tau_1 \sim \tau_2$）内，对有尾流时的回波声压（超过声压检测门限）与无尾流时的回波声压（不超过声压检测门限）的时间长度比较，当 $\tau_e > \tau_e'$ 并达到一定条件后，即认为检测到尾流。

上述原理涉及两种检测门限：一种是抗混响门限，即声压检测幅度门限 P_0，其设置值为高于海洋背景噪声混响一定值，从而避免尾流自导鱼雷受海洋背景噪声混响的影响而产生误判；另一种是抗海面反射宽度门限，其设置值为高于海面反射回波时长宽度一定值，从而避免尾流自导鱼雷受海面回波时长宽度影响，将其误判为尾流，体现在图 8.7 中为 τ_e' 与 τ_e 的比值关系。

综上所述，若想分析尾流自导鱼雷的制导对抗效果，即可从两个方面着手：一是分析尾流回波强度降低程度，或使其能降低至检测门限以下；二是分析尾流回波强度超出检测门限的时间。

为了合理运用尾流气泡声学探测理论,并对尾流气泡控制技术的反制导效果进行有效分析,下文分析时将采用声呐的工程指标(dB)进行尾流的回波能量强度分析,从能量守恒角度来讲,其与尾流自导鱼雷的回波声压指标(Pa)所表征的意义是相同的。

8.3.1　尾流气泡群声反向散射强度分析

本试验条件下尾流对声波的作用属于实际状态下水中气泡群对声的散射作用,可用于声尾流自导鱼雷制导效果分析的参数为气泡群对声波的反向散射强度 S_v。

$$S_v = 10\lg \int a^2 n(a)(D^2 + \delta^2)^{-1}\mathrm{d}a \tag{8.3}$$

式(8.3)中各项关系如下:

$$
\begin{cases}
D = (f_0'/f)^2 - 1 \\
\delta = ka + 4\eta/(\rho\omega a^2) + (f_0'/f)^2(\gamma_2/\gamma_1) \\
f_0' = (\gamma_1\kappa/\gamma)^{1/2}f_0 \\
k = 2\pi f/c \\
\omega = 2\pi f \\
\kappa = 1 + 2\tau/ap_0 \\
\gamma = \gamma_1 - \mathrm{i}\gamma_2 \\
f_0 = (2\pi a)^{-1}(3\gamma p_0/\rho)^{1/2}
\end{cases}
\tag{8.4}
$$

式中,a 为气泡半径,m;$n(a)$ 为某一时刻下气泡群的数密度尺寸分布函数;f 为声波探测频率,Hz;ω 为声波探测角频率,Hz;k 为声波探测角波数;f_0 为气泡与声波共振频率,Hz;γ 为介质(水)比热比,γ_1、γ_2 为其相位偏移后形式;η 为液体(水)动力黏滞系数,Pa·s;c 为水中声速,m/s;τ 为液体(水)表面张力系数,N/m;p_0 为环境气压,Pa;ρ 为介质(水)密度,kg/m³。

需特殊考虑的是某一时刻下气泡群的尺寸分布函数 $n(a)$,仅此函数无法表示尾流气泡群中时间为 t 时,气泡半径为 a 的气泡数密度 $n(a,t)$,即缺少时间变量。

为解决上述问题,参考现有研究文献可知,目前对于舰船尾流气泡的尺寸分布特性研究主要从试验测量的角度展开,通过多次试验以得出经验模型,广泛应用的

为某一时刻下不同半径的气泡对应不同的气泡数密度,其具体思想体现如下:

$$n(a, t) = n(t) P(a) \tag{8.5}$$

式中,$n(a, t)$表示t时刻时,气泡半径为a的气泡数密度;$n(t)$表示t时刻时,单位体积内所有半径的气泡数密度;$P(a)$表示气泡概率密度,即半径为a的气泡占总气泡数的比例。

基于上述思想,本书可构建相应的气泡概率密度函数,并与本试验构造的数密度衰减模型以及数密度尺寸分布模型结合,解决上述问题,具体如下:

无论是控制前还是控制后,尾流气泡总数密度的衰减均很快,且气泡尺寸分布峰值与最低值半径基本保持不变,所以可将气泡概率密度构建为

$$尾流气泡控制前:P(a) = \frac{n_c(r)}{\int n_c(r) \mathrm{d}a} \tag{8.6}$$

$$尾流气泡控制后:P'(a) = \frac{n'_c(r)}{\int n'_c(r) \mathrm{d}a} \tag{8.7}$$

则同理可得尾流气泡群含时间变量t的总体分布函数:

$$尾流气泡控制前:n(a, t) = n_s(r) P(a) = n_s(r) \frac{n_c(r)}{\int n_c(r) \mathrm{d}a} \tag{8.8}$$

$$尾流气泡控制后:n'(a, t) = n'_s(r) P'(a) = n'_s(r) \frac{n'_c(r)}{\int n'_c(r) \mathrm{d}a} \tag{8.9}$$

式(8.6)~式(8.9)中,r为螺旋桨转速,数密度衰减模型及尺寸分布模型相对应,不同的螺旋桨转速相应对应着不同的模型。

由此,式(8.3)可改写为

$$S_v = 10 \lg \int a^2 n(a, t) (D^2 + \delta^2)^{-1} \mathrm{d}a \tag{8.10}$$

接下来需要对式(8.4)中的主要参数进行设定:

首先是声波探测频率f,由$B = aA[(f_0/f)^2 - 1 - ika]^{-1}$可知,当入射波频率$f$与气泡的共振频率$f_0$相等时,散射波的波幅$B$也达到最大,散射波最强,最后单个气泡的散射强度越强,$f_0 = (2\pi a)^{-1}(3\gamma p_0/\rho)^{1/2}$,在其他条件相同时仅与气泡半径有关,无论是尾流气泡控制前还是消除后,尾流场尺寸分布中数密度峰值半

径均在 50 μm 左右,由此可选取半径为 50 μm 气泡的共振频率作为声波探测频率,以此来保证尾流气泡群的反向散射强度最大,探测效果最佳。

其余主要参数,考虑尾流气泡控制前后两次试验的试验环境条件等因素,将设置如下:海水密度取 $\rho = 1000\,kg/m^3$;环境气压取标准大气压 $p_0 = 1.013 \times 10^5\,Pa$;液体表面张力取 20℃下纯水的表面张力系数值 $\tau = 7.28 \times 10^{-2}\,N/m$;忽略相位偏移,介质比热比取 $\gamma = \gamma_1 = 1.4$,$\gamma_2 = 0$;水中声速取 $c = 1500\,m/s$;水动力黏滞系数取 20℃下水的动力黏滞系数 $\eta = 1.01 \times 10^{-3}\,Pa \cdot s$;代入后,相应的探测频率取半径为 50 μm 气泡的共振频率,即 $f = 65\,657\,Hz$。

1) 控制前尾流气泡群声散射强度

综合式(8.4)、式(8.6)、式(8.8)、式(8.10),将设定好的参数值代入,运用 Matlab 对不同螺旋桨转速下的尾流气泡群声反向散射强度随时间变化规律进行分析,并作图(见图 8.8)如下:

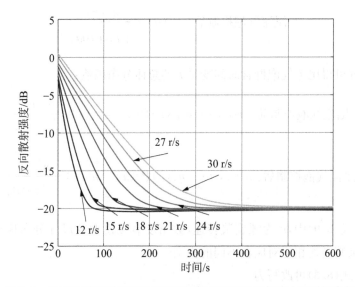

图 8.8　控制前不同螺旋桨转速下尾流气泡群反向散射强度随时间变化

分析图 8.8 可以得出,尾流气泡控制前:

(1) 尾流气泡群声反向散射强度随时间大致呈指数衰减,即先快速衰减至平缓区附近某一稳定值后慢速衰减,且不同螺旋桨转速下,该稳定值大致相同,均在 −20 dB 左右。

(2) 不同螺旋桨转速导致的尾流气泡群声反向散射强度的初始值不同;螺旋桨转速越大,尾流气泡群声反向散射强度初始值越大。其中当螺旋桨转速为 30 r/s

时,尾流气泡群声反向散射强度初始值在 0.5 dB 左右,螺旋桨转速为 12 r/s 时,尾流气泡群声反向散射强度初始值在 −2.5 dB 左右。

（3）不同螺旋桨转速下,尾流气泡群声反向散射强度衰减至平缓区附近所需时间不同,螺旋桨转速越大,该时间越长。当螺旋桨转速为 30 r/s 时,尾流气泡群声反向散射强度衰减至平缓区附近时所需时间为 400 s 左右,螺旋桨转速为 12 r/s 时,则为 70 s 左右。

2）控制后尾流气泡群声散射强度

综合式（8.1）、式（8.2）、式（8.4）、式（8.7）、式（8.9）、式（8.10）及表 8.1、表 8.2,将设定好的参数值代入,运用 Matlab 对不同螺旋桨转速下的尾流气泡群声反向散射强度随时间变化规律进行分析,并作图（见图 8.9）如下：

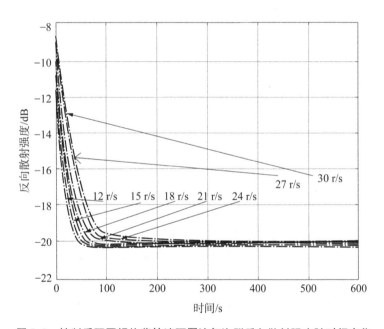

图 8.9　控制后不同螺旋桨转速下尾流气泡群反向散射强度随时间变化

分析图 8.9 可以得出,尾流气泡控制后,尾流气泡群声反向散射强度随时间变化规律大致与消前相同,均随时间呈指数衰减,但尾流气泡群声反向散射强度的初始值以及衰减至稳定值所需时间却差别很大,具体规律如下：

（1）尾流气泡控制后,尾流气泡群的声反向散射强度随时间大致呈指数衰减,即先快速衰减至平缓区附近某一稳定值后慢速衰减,且不同螺旋桨转速下,该稳定值大致相同,均在 −20 dB 左右。

（2）尾流气泡控制后，不同螺旋桨转速导致的尾流气泡群声反向散射强度的初始值不同；螺旋桨转速越大，尾流气泡群声反向散射强度初始值越大。其中当螺旋桨转速为 30 r/s 时，尾流气泡群声反向散射强度初始值在 −8.4 dB 左右，螺旋桨转速为 12 r/s 时，尾流气泡群声反向散射强度初始值在 −11 dB 左右。

（3）尾流气泡控制后，不同螺旋桨转速下，尾流气泡群声反向散射强度衰减至平缓区附近时所需时间不同，螺旋桨转速越大，该时间越长。其中当螺旋桨转速为 30 r/s 时，尾流气泡群声反向散射强度衰减至平缓区附近时所需时间为 100 s 左右，螺旋桨转速为 12 r/s 时，则为 40 s 左右。

3）控制前后尾流气泡群声散射强度对比

分析图 8.10 可知，对比尾流气泡控制前后不同螺旋桨转速下尾流气泡群的声反向散射强度随时间变化规律，不难得出：

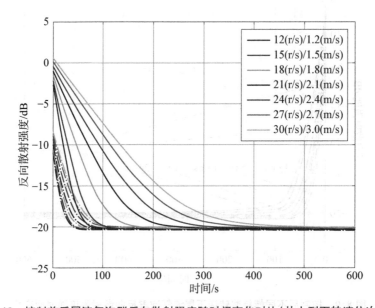

图 8.10 控制前后尾流气泡群反向散射强度随时间变化对比（从上到下转速依次降低）

（1）相同螺旋桨转速下，尾流气泡控制前后尾流气泡群的声反向散射强度的初始值有较大减少。其中螺旋桨转速为 30 r/s 时，控制后比控制前尾流气泡群声反向散射强度初始值减少 10 dB 左右。

（2）尾流气泡控制前后尾流气泡群的声反向散射强度衰减至平缓区时的稳定值大致相同，且与螺旋桨转速无关，均在 −20 dB 左右。

（3）相同螺旋桨转速下，控制前后尾流气泡群声反向散射强度衰减至平缓区附近时所需的时间有所差异,即控制后所需时间比控制前所需时间短,且螺旋桨转速越大越明显。其中螺旋桨转速为 30 r/s 时,控制前该时间为 400 s 左右,而控制后为 100 s 左右。

8.3.2　尾流声学探测回波强度分析

由前文可知,尾流自导鱼雷在探测尾流时,其探测原理与声呐探测相同,声学探测系统分析目标强度的主要指标是目标的回声-混响比,对于尾流来说,则为尾流回声-混响比 $E_{L_w} - R_{L_h}$,可将其作为尾流声学探测回波强度指标从工程角度进行分析,以评判尾流自导鱼雷制导和探测的效果,其中:

$$\begin{cases} E_{L_w} = S_L - 2 \times (\beta r_w + 20 \lg r_w) + S_{vw} + 10 \lg V_w \\ V_w = \dfrac{c\tau}{2} \Psi r_w^2 \\ \Psi = \int bb' \mathrm{d}\Omega \end{cases} \tag{8.11}$$

式中,S_L 为声源级,与探测系统的声波发射器相关,dB;β 为传播介质的声吸收系数,即海水的吸收系数,dB/m;r_w 为声学探测系统探测时距尾流的探测距离,m;S_{vw} 为尾流的气泡群的反向散射强度,dB;c 为海水中声速,m/s;τ 为声学探测系统声波发射器脉冲宽度,s;Ψ 为声学探测系统声波发射器与接收器组合的合成波束等效束宽:

$$\begin{cases} R_{L_h} = 10 \lg (10^{0.1 R_{L_{vh}}} + 10^{0.1 R_{L_{sh}}}) \\ R_{L_{vh}} = S_L - 40 \lg r_h + S_{vh} + 10 \lg V_h \\ R_{L_{sh}} = S_L - 40 \lg r_h + S_{sh} + 10 \lg A_h \\ V_h = \dfrac{c\tau}{2} \Psi r_h^2 \\ A_h = \dfrac{c\tau}{2} \Phi r_h \end{cases} \tag{8.12}$$

式中,S_L 为声源级,与探测系统的声波发射器相关,dB;β 为传播介质的声吸收系数,即海水的吸收系数,dB/m;r_h 为声学探测系统探测时距海面的探测距离,m;S_{vh} 为海面的体积反向散射强度,dB;S_{sh} 为海面水平面反向散射强度,dB;c 为海水中声速,m/s;τ 为声学探测系统声波发射器脉冲宽度,s;Ψ 为声学探测系统声波发射器与接收器组合的合成波束等效束宽;Φ 为预留发射器与接收器组合的合成波束指向性图的等效平面角。

由于实际尾流自导鱼雷声学探测系统的各项指标参数不详，为方便后续分析，并考虑实际试验时环境条件等因素，现将式(8.11)及式(8.12)中的各项参数设定如下：海水的吸收系数取 $\beta = 0.2\,\mathrm{dB/m}$；声学探测系统探测时距尾流的探测距离取 $r_\mathrm{w} = 20\,\mathrm{m}$；声学探测系统探测时距海面的探测距离取 $r_\mathrm{h} = 22\,\mathrm{m}$；海水中声速取 $c = 1\,500\,\mathrm{m/s}$；声学探测系统声波发射器脉冲宽度取 $\tau = 0.001\,\mathrm{s}$；为简化计算，可用理想的指向性代替真实的综合指向性，即主极大范围内 $b(\theta, \phi)b'(\theta, \phi) = 1$，在其范围之外 $b(\theta, \phi)b'(\theta, \phi) = 0$，则可视为 $\Psi = 4\pi$，$\Phi = 2\pi$；海面的体积反向散射强度及海面水平面反向散射强度取 $S_\mathrm{vh} = 0.2\,\mathrm{dB}$，$S_\mathrm{sh} = 0.1\,\mathrm{dB}$。

1) 控制前声学探测尾流的回声-混响比

综合式(8.4)、式(8.6)、式(8.8)、式(8.10)、式(8.11)、式(8.12)，并将设定好的参数值代入，运用 Matlab 对不同螺旋桨转速下的尾流的回声-混响比随时间变化规律进行分析，并作图(见图8.11)如下：

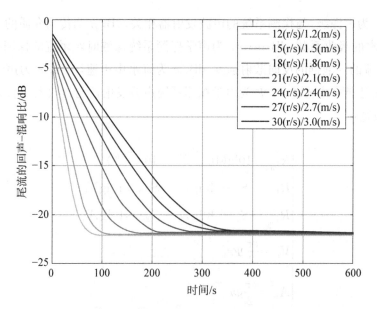

图8.11　控制前不同螺旋桨转速下尾流的回声-混响比随时间变化
（从上到下转速依次降低）

2) 控制后声学探测尾流的回声-混响比

综合式(8.1)、式(8.2)、式(8.4)、式(8.7)、式(8.9)、式(8.10)、式(8.11)、式(8.12)及表8.1、表8.2，将设定好的参数值代入，运用 Matlab 对不同螺旋桨转

速下的尾流的回声-混响比随时间变化规律进行分析,并作图(见图8.12)如下:

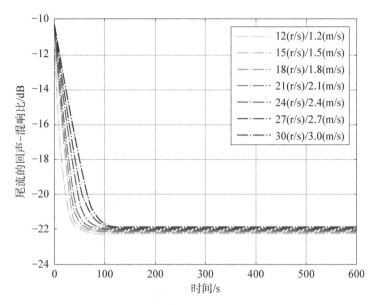

图 8.12　控制后不同螺旋桨转速下尾流的回声-混响比随时间变化
(从上到下转速依次降低)

3) 控制前后声学探测尾流的回声-混响比对比

(1) 综合分析图 8.26～图 8.28 与图 8.21～图 8.23,不难看出,尾流气泡控制前后声学探测尾流时的回声-混响比的变化规律与尾流气泡群的声反向散射强度变化规律相同,仅存在数值上的差异,即尾流的回声-混响比普遍比尾流气泡群的声反向散射强度低 2 dB 左右,因此具体规律在此不加赘述,可参照 8.3.1 中的分析。

分析产生上述差异的原因可知,此差值为声学探测尾流时的介质路径传播损耗与海面散射混响的共同作用结果,说明当环境条件相同时,尾流气泡群的声反向散射强度也可作为鱼雷制导时探测尾流是否存在的一个指标。

(2) 从图 8.14 中可以看出,螺旋桨转速相同时,控制前后尾流回声-混响比差值随时间先增大,而后迅速减少至 0 dB 并保持稳定,其间存在峰值,即为尾流气泡控制效果最好时。

(3) 从图 8.14 中可以看出,控制后尾流回声-混响比与控制前相比有明显减少,尾流初生时,不同螺旋桨转速下,前后尾流回声-混响比减少值均在 9 dB 左右,随着时间的推移,产生差异,即螺旋桨转速越高,差值越明显,控制效果越好,且达到差值峰值所需的时间越长,当螺旋桨转速为 30 r/s 时,控制前后尾流回声-混响

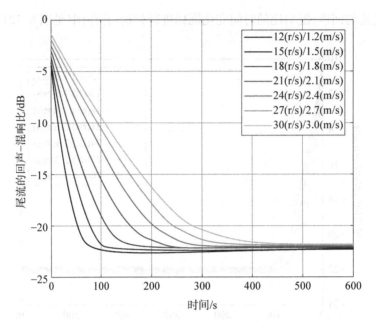

图 8.13　控制前后不同螺旋桨转速下尾流的回声-混响比随时间变化对比
（从上到下转速依次降低）

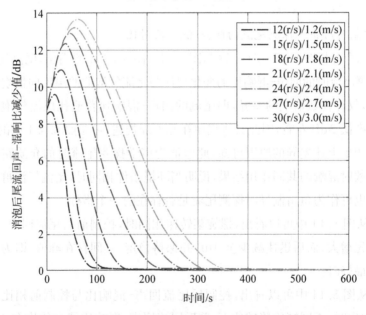

图 8.14　控制前后不同螺旋桨转速下尾流的回声-混响比差值随时间变化
（从上到下转速依次降低）

比差值最大可达 14 dB 左右,时间在 70 s 左右。

8.3.3　尾流气泡控制技术的反制导效果评估

1) 尾流声学探测回波强度降低率

为更直观分析评估尾流气泡控制技术反鱼雷制导的效果,现将 8.3.2 中尾流的声学探测回波强度,即尾流回声-混响比 $E_{L_w} - R_{L_h}$ 做前后减少比值分析。

由于 $E_{L_w} - R_{L_h}$ 为定义下的声级强度表征量,其单位为 dB,定义方式为

$$L = 10 \lg \frac{I}{I_0} \tag{8.13}$$

式中,I 为声强,W/m^2;I_0 为参考声强,一般为 10^{-12} W/m^2;L 为声强级,dB。

需将以 dB 为单位的声强级还原为可以计算的以 W/m^2 为单位的声强,具体方法如下:

$$I_{E_{L_w} - R_{L_h}} = 10^{\frac{E_{L_w} - R_{L_h}}{10}} I_0 \tag{8.14}$$

将 8.3.2 中结果代入式(8.14),并将尾流回声-混响比声强 $I_{E_{L_w} - R_{L_h}}$ 作为尾流声学探测回波强度指标,用 Matlab 作图(见图 8.15)分析尾流气泡控制前后该指标降低率如下:

(1) 从图 8.15 中可以看出,不同螺旋桨转速下,初始时刻尾流声学探测回波强度降低率大致相同,均在 86% 左右,随着时间的推移,尾流声学探测回波强度降低率先增加,达到峰值后迅速减小,最终在 1% 左右保持稳定,具体变化规律原因见 8.3.2 中控制前后尾流的回声-混响比差值随时间变化分析。

(2) 从图 8.15 中可以看出,不同螺旋桨转速下,尾流声学探测回波强度降低率峰值不同,螺旋桨转速越大,尾流声学探测回波强度率峰值越大,但达到峰值所需的时间也越长,具体变化规律原因见 8.3.2 节中控制前后尾流的回声-混响比差值随时间变化分析。螺旋桨转速为 30 r/s 时,尾流声学探测回波强度降低率峰值可达 95%,时间在 70 s 左右;螺旋桨转速为 12 r/s 时,尾流声学探测回波强度降低率峰值为 87%,时间在 10 s 左右。

(3) 若从上述尾流声学探测回波强度即尾流回声-混响比声强 $I_{E_{L_w} - R_{L_h}}$ 的降低率角度分析尾流气泡控制技术的反制导效果,可以看出该尾流气泡控制法对尾流气泡的消除效果相当可观,100 s 内即可达到 85% 以上的尾流回声-混响比声强降低率,尾流气泡控制后的反声尾流自导鱼雷制导探测效果十分明显。

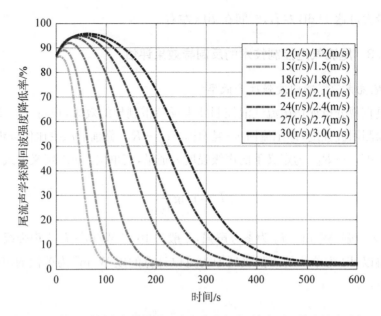

图 8.15　控制后尾流声学探测回波强度降低率(从上到下转速依次降低)

2) 尾流长度降低率

下面主要从尾流长度角度来评估该尾流气泡控制法反声尾流自导鱼雷的制导效果,首先考虑舰船尾流场的时空分布特征。

从时间角度考虑,同一位置,尾流气泡从初生时刻为 t_1,衰减至尾流自导鱼雷检测门限以下状态时刻为 t_2,继续衰减至无尾流海洋背景时刻为 t_3,则 $\Delta t_s = t_3 - t_1$ 即为尾流气泡的理论寿命,$\Delta t_y = t_2 - t_1$ 为可被尾流自导鱼雷探测到的尾流气泡的有效寿命。

从空间角度考虑,如图 8.16 所示,若舰船匀速航行,且航速为 V,则尾流气泡体现在空间上的舰船理论尾流长度为 $L_s = V \times \Delta t_s$,可被尾流自导鱼雷探测到的舰船有效尾流长度为 $L_y = V \times \Delta t_y$。

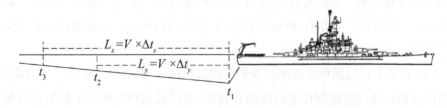

图 8.16　舰船尾流实际长度与有效长度空间分布示意图

　　由尾流自导鱼雷制导原理可知,声尾流自导鱼雷在探测尾流时,由于目标尾流带具有一定的宽度,所以在一定时段内,若鱼雷尾流自导装置连续检测的反射信号值保持并超过检测信号的设定门限时,即可识别并确认发现了舰船的尾流。本书中,由于声尾流自导鱼雷具体的检测门限不详,难以从可被尾流自导鱼雷探测到的舰船有效尾流长度角度进行分析,但由于无尾流时海洋背景已知,所以可以从本试验舰船的理论尾流长度角度出发,分析其尾流气泡控制前后差别,得出控制后尾流长度降低率,以此指标来分析本书中所用到的尾流气泡控制法这一尾流气泡控制技术的反制导效果。

　　综合式(8.1)、式(8.2)、式(8.4)、式(8.6)～式(8.12)及表8.1、表8.2,并将8.3.2中设定好的参数值代入,运用 Matlab 分别对不同航速(螺旋桨转速)下的尾流气泡控制前后尾流的回声-混响比随时间变化规律进行对比分析,作图(见图 8.17)如下:

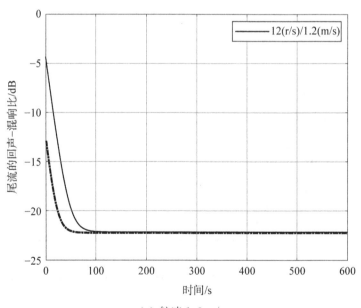

(a) 航速 1.2 m/s

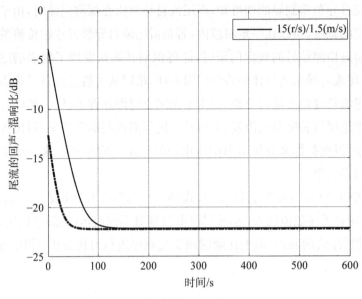

（b）航速 1.5 m/s

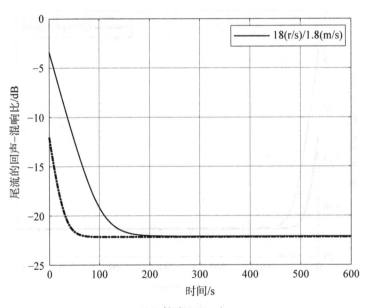

（c）航速 1.8 m/s

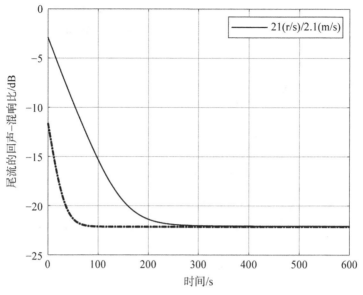

(d) 航速 2.1 m/s

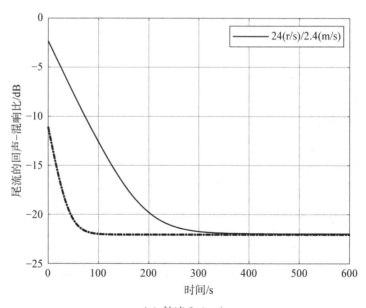

(e) 航速 2.4 m/s

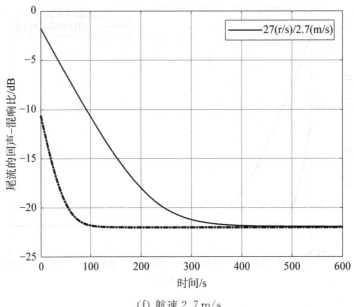

(f) 航速 2.7 m/s

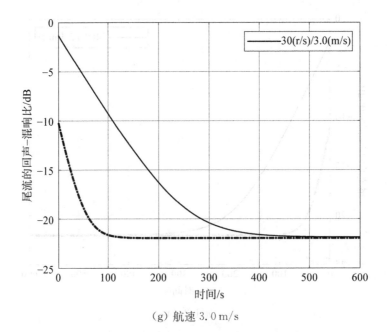

(g) 航速 3.0 m/s

图 8.17 不同航速控制前后效果对比

分析图 8.17 可知,相同航速下,尾流气泡控制前后,尾流的回声-混响比降低至平缓稳定时(即无尾流的海洋背景值)的时间存在差异;控制前明显比控制后所需的时间要长,且航速越高,差别越明显,控制前与控制后所需时间的差值越大,提取其中相关参数,作表(见表 8.3)分析如下:

表 8.3　控制前后尾流长度相关参数

序号	螺旋桨转速 $r/(r/s)$	航速 $V/(m/s)$	控制前无尾流时刻 t_3/s	控制后无尾流时刻 t_3'/s	消前理论尾流长度 L_s/m	消后理论尾流长度 L_s'/m	控制前后尾流长度减少值 $\Delta L_s/m$	控制后尾流长度降低率/%
1	12	1.2	120	65	144	78	66	46
2	15	1.5	170	75	255	112.5	142.5	56
3	18	1.8	225	85	405	153	252	62
4	21	2.1	285	95	598.5	199.5	399	67
5	24	2.4	350	105	840	252	588	70
6	27	2.7	420	115	1 134	310.5	823.5	73
7	30	3.0	495	128	1 485	384	1 101	74

从表 8.3 中可以得知:

(1)尾流气泡控制前后,舰船理论尾流长度变化存在相同规律,即不同航速下,舰船理论尾流长度不同,航速越大,理论尾流长度越长。

(2)航速越大,尾流长度减少值越大,对应的控制后尾流长度降低率越高,航速为 3.0 m/s 最大时,控制后尾流长度降低率可达 74%,而航速为 1.2 m/s 最小时,控制后尾流长度降低率也可达到 46%。

由此可以看出,本试验采用的尾流气泡控制法这一尾流气泡控制技术的消尾流效果十分可观,相应地,从尾流长度降低率这一角度分析,其对抗尾流自导鱼雷的反制导效果也十分明显。

8.4　本章小结

本章主要对舰船尾流气泡控制技术的反制导效果进行了细致的研究,主要研究内容及相应结论如下:

(1)首先,进行舰船尾流气泡控制试验,解决了以下问题:

① 设计并搭建了由海上试验目标船、尾流气泡控制装置和尾流气泡跟踪采集

系统三部分组成的试验平台,可有效检测海上航行的舰船尾流气泡控制后的尾流气泡。

② 设计了有效可行的海上尾流气泡控制试验方案,获取了不同航速条件下真实的尾流气泡控制后的尾流场数据,用于后续控制后尾流气泡分布规律分析。

(2) 构建了控制后舰船尾流场特征分布模型并进行了相关分析,主要包括以下两部分:

① 构建了尾流气泡控制后不同螺旋桨转速(航速)下尾流场数密度衰减模型。结果表明,控制后的尾流场气泡数密度随时间也呈指数衰减,初始短时间内,数密度衰减很快,降低到某一稳定值附近时,衰减逐渐变平缓,衰减符合 $n'_s(r) = n'_0 + n'_1 \exp\left(-\dfrac{t}{t'_1}\right)$ 模型,不同螺旋桨转速下模型中各项参数存在差异;且初始时刻,转速为 30 r/s 时可达 $8.5 \times 10^5 \text{ m}^{-3}$,与控制前转速相同时的 $7 \times 10^6 \text{ m}^{-3}$ 相比,低一个数量级;衰减至平缓时的稳定值均在 $4.9 \times 10^4 \text{ m}^{-3}$ 左右,与控制前的稳定值 $5 \times 10^4 \text{ m}^{-3}$ 相比,相差不大,减小甚微。

② 构建了尾流气泡控制后不同螺旋桨转速(航速)下尾流场尺寸分布模型。结果表明,尾流气泡初始生成时,各尺寸半径的气泡的数密度不同,其中气泡半径尺寸在 $50 \ \mu\text{m}$ 左右时的气泡数密度最大,而后随着气泡尺寸的增加,其对应的气泡数密度呈幂函数减小,半径增大至 $200 \ \mu\text{m}$ 左右时,其所对应气泡数密度达到最低,气泡数密度随半径变化符合 $n'_c(r) = c' \cdot a^{-b'}$ 模型,不同螺旋桨转速下模型中各项参数存在差异;且螺旋桨转速为 30 r/s 时,半径在 $40 \sim 50 \ \mu\text{m}$ 区间的气泡的数密度可达 2500 m^{-3},对比相同螺旋桨转速下尾流气泡控制前的数值 $20\,000 \text{ m}^{-3}$,控制后较之低了一个数量级,这与气泡数密度衰减一致。

(3) 结合第 2 章的理论,将第 8 章中尾流气泡控制前后的尾流场特征分布模型代入,进行了尾流气泡控制前后反制导效果分析,主要分为以下三部分:

① 进行了控制前后尾流气泡群声反向散射强度分析。结果表明,相同螺旋桨转速下,尾流气泡控制前后尾流气泡群的声反向散射强度的初始值有较大减少,最大减少 10 dB;且控制后尾流气泡群声反向散射强度衰减至平缓区附近时所需的时间比控制前所需时间短,差异最明显时,控制前该时间为 400 s 左右,而控制后为 100 s 左右。

② 进行了控制前后尾流声学探测回波强度分析,主要为尾流的回声-混响比。结果表明,该指标的变化规律与尾流气泡群的声反向散射强度变化规律相同,仅在数值上存在 2 dB 左右的差异;除此之外,螺旋桨转速相同时,控制前后尾流回声-混

响比差值随时间先增大,而后迅速减少至 0 dB 并保持稳定,其间存在峰值,即为尾流气泡控制效果最好时。

③ 进行了尾流气泡控制技术的反制导效果评估,主要从尾流声学探测回波强度降低率与尾流长度降低率两方面考虑,结果表明:

a. 初始时刻尾流声学探测回波强度降低率大致相同,均在 86% 左右,随着时间的推移,尾流声学探测回波强度降低率先增加,达到峰值后迅速减小,最终在 1% 左右保持稳定;螺旋桨转速为 30 r/s 时尾流声学探测回波强度降低率峰值可达 95%,时间在 70 s 左右;螺旋桨转速为 12 r/s 时,尾流声学探测回波强度降低率峰值为 87%,时间在 10 s 左右。

b. 航速越大,尾流长度减少值越大,对应的控制后尾流长度降低率越高,航速为 3.0 m/s 最大时,控制后尾流长度降低率可达 74%,而航速为 1.2 m/s 最小时,控制后尾流长度降低率也可达到 46%。

参 考 文 献

[1] 卞元庆. 舰船尾流特性及鱼雷尾流自导作用距离的评估[J]. 鱼雷技术,1999, 7(4):9 - 11.

[2] 蔡平,朱代柱,惠俊英. 水面船尾流的声散射试验研究[J]. 声学学报,2000,25 (1):10 - 15.

[3] 陈伯义,朱江江. 水面舰船尾流气泡特征的持续性研究[C]//第十八届全国水动力学研讨会论文集. 北京:海洋出版社,2004:474 - 480.

[4] 陈春玉. 声尾流自导系统关键参数优化研究及作用距离计算[J]. 鱼雷技术, 2003,11(2):8 - 13.

[5] 陈春玉. 一种舰船尾流特征消除方法[J]. 鱼雷技术,2004(1):47 - 48,52.

[6] 陈意. 舰船尾流气泡运动规律研究[D]. 大连:海军大连舰艇学院,2009.

[7] 陈云飞,贾兵,李桂娟,等. 基于高分辨图像声呐的舰船声尾流实测研究[J]. 舰船科学技术,2011,33(12):82 - 84.

[8] 陈云飞,贾兵,李桂娟,等. 基于高分辨图像声呐的舰船声尾流实测研究[J]. 舰船科学技术,2011,33(12):82 - 84.

[9] 丁凤雷,刘常波. 海水密度变化对潜艇运动状态的影响[J]. 四川兵工学报, 2012,33(4):11 - 13.

[10] 董阳泽,刘平香. 网络化水声对抗研究初步(Ⅱ)——水声网络对抗和水声对抗网络[J]. 舰船科学技术,2007(4):66 - 68.

[11] 董阳泽,刘平香. 网络化水声对抗研究初步(Ⅲ)——网络化水声对抗器材技术[J]. 舰船科学技术,2007(5):108 - 111.

[12] 董阳泽,钱存健,刘平香. 网络化水声对抗研究初步(Ⅰ)——概念和关键技术[J]. 舰船科学技术,2006(5):48 - 51.

[13] 杜功焕. 声学基础(第 3 版)[M]. 南京:南京大学出版社,2012.

[14] 杜敬林,马忠成.舰船尾流声散射和几何特征试验[J].哈尔滨工程大学学报,
  2010,31(7):909-911.

[15] 傅金祝.变深声呐与遥控猎雷声呐的发展[J].水雷战与舰船防护,2002(4):
  36-40.

[16] 高江,张静远,杨力.舰船尾流特性研究现状[J].舰船科学技术,2008,8(4):
  27-30.

[17] 顾建农,张志宏.红外探测水面舰船远场热尾流的数学模型与计算[J].激光
  与红外,2005,35(5):341-344.

[18] 关定华.声与海洋[M].北京:海洋出版社,1982.

[19] 郝志伟,任章,王新远.鱼雷尾流追踪弹道设计与仿真[J].系统仿真学报,
  2006(8):1001-1004.

[20] 何心怡,肖庆生,张弛,等.反鱼雷鱼雷自导方式研究[J].鱼雷技术,2010,18
  (1):21-25.

[21] 胡广友,金良安,张志友,等.尾流气泡控制技术试验研究[J].安防技术,
  2016,4(2):17-22.

[22] 蒋兴舟,陈喜,蒋涛.鱼雷制导设计原理[R].武汉:中国人民解放军海军工程
  大学,2006.

[23] 蒋兴舟,陈喜,张静远.鱼雷气幕屏蔽和降噪的试验研究[J].海军工程学院学
  报,1994(4):62-67.

[24] 金良安,闫雪飞,王涌,等.基于大涡模拟方法和修正的气泡平衡方程的舰船
  尾流气泡聚并研究[J].科学技术与工程,2014,14(24):141-145.

[25] 金文凯.新世纪鱼雷技术发展趋势研究(续)[J].鱼雷技术,2001(2):1-
  5,22.

[26] 李文哲,张宇文,范辉,等.基于 MATLAB 的鱼雷水下弹道仿真[J].计算机
  仿真,2008(12):35-37.

[27] 李志舜.鱼雷自导信号与信息处理[M].西安:西北工业大学出版社,2004.

[28] 梁红,刘劲波.尾流自导鱼雷防御系统接收信号模型及参数优化[J].鱼雷技
  术,2008(8):47-50.

[29] 刘伯胜,雷家煜.水声学原理[M].哈尔滨:哈尔滨工程大学出版社,1993.

[30] 刘大亮,董春鹏,张西建.声尾流自导系统接收信号模型研究[J].鱼雷技术,
  2006(8):36-39.

[31] 刘慧开,张劝华,杨立.海洋表层气泡运动规律研究[J].海洋科学,2009,33

(1):34-38.

[32] 刘金芳,毛可修,张晓娟,等.中国海密度跃层分布特征概况[J].海洋预报,2013,30(6):21-27.

[33] 卢万,李钊.国外反鱼雷水声对抗技术与发展趋势[J].舰船电子对抗,2008(1):50-53.

[34] 孟庆玉,张静远,宋保维.鱼雷作战效能分析[M].北京:国防工业出版社,2003.

[35] 皮卡德,埃默里.描述性物理海洋学[M].谭卫仑,译.北京:海洋出版社,1989.

[36] 平浚.射流理论基础及应用[M].北京:中国宇航出版社,1995.

[37] 钱东,韩啸.法国尾流自导仿真和对抗研究评述[J].鱼雷技术,2007,15(1):8-11.

[38] 钱祖文.声学反演法分析海中气泡的有关参数[J].声学学报,1997,22(4):351-356.

[39] 钱祖文.水中气泡之间的声相互作用[J].物理学报,1981(4):442-447.

[40] 石秀华,王晓娟.水中兵器概论(鱼雷分册)[M].西安:西北工业大学出版社,1989.

[41] 数学辞海编辑委员会.数学辞海.第四卷[M].北京:中国科学技术出版社,2002.

[42] 宋保维,姜军.鱼雷作战效能分析[J].火力与指挥控制,2007(12):102-105.

[43] 孙建.多模式鱼雷制导系统数学仿真研究与实现[D].西安:西北工业大学,2007.

[44] 孙新轩,佟杰,李磊.侧扫声呐探测水池中气泡群反射强度试验及结果分析[J].测绘地理信息,2018,43(2):24-27.

[45] 田恒斗,迟卫,金良安,等.特种气幕降噪技术研究[J].造船技术,2007(1):20-22.

[46] 田恒斗,迟卫,金良安,等.特种气幕降噪技术研究[J].造船技术,2007(1):20-22.

[47] 田恒斗.舰船尾流抑制技术基础研究[D].大连:海军大连舰艇学院,2007.

[48] 田恒斗.舰船气泡艉流抑制技术的理论与试验研究[D].大连:海军大连舰艇学院,2010.

[49] 田恒斗,金良安,王涌,等.考虑单气泡运动特性的舰船尾流气泡分布研究

[J].兵工学报,2011,32(9):1126-1130.

[50] 田坦.声呐技术[M].哈尔滨:哈尔滨工程大学出版社,2010.

[51] 田雪冰,顾建农.航速对舰船尾流几何特性的影响[J].鱼雷技术,2010,18(4):268-271.

[52] 汪伟,李本昌,罗笛.潜艇水声对抗及水声对抗器材的应用[J].指挥控制与仿真,2008,30(5):102-105.

[53] 王桂军,闫雪飞,金良安,等.舰船尾流分布的 BPBE 表征方法研究[J].海洋工程,2014,32(1):99-105.

[54] 王虹斌.气幕的声插入损失模型分析及结构参数逆算[J].船舶工程,2006,28(3):28-30.

[55] 王虹斌.水中气泡幕的多体多次声散射模型分析[J].船舶工程,2006,28(3):30-33.

[56] 王新晓.自导系统仿真技术研究[D].西安:西北工业大学.2004.

[57] 乌拉克.工程水声原理[M].洪申,译.北京:国防工业出版社,1972.

[58] 吴朝晖,王净,宋保维,等.鱼雷武器系统作战效能的多指标综合评估模型[J].火力与指挥控制,2009,34(3):67-70.

[59] 奚定平.贝塞尔函数[M].北京:高等教育出版社,1998.

[60] 徐钧,凌国民.水面舰艇声呐新技术评述[J].声学与电子工程,2003(3):1-8.

[61] 严冰,王明州,陈春玉,等.气泡尺度分布及声特性研究[J].鱼雷技术,2001,9(4):10-12.

[62] 杨立,刘慧开.舰船尾流气泡特征的运动规律研究[D].武汉:海军工程大学,2005.

[63] 姚文苇.气-液两相介质内声传播的研究[D].西安:陕西师范大学,2006.

[64] 游鹏.舰船尾流超声消隐机理及技术研究[D].南京:南京理工大学,2008.

[65] 岳丹婷,吕欣荣,张存有,等.螺旋桨尾流流场的数值计算[J].大连海事大学学报,2004,30(1):29-34.

[66] 张宝华,杜选民.水面舰艇鱼雷防御系统综述[J].船舶工程,2003(4):17-19.

[67] 张建生,孙传东,卢笛.水中气泡的特性研究[J].西安工业学院学报,2000,20(1):1-8.

[68] 张建伟,杨坤涛,宗思光,等.水中气泡运动特性及测量[J].红外技术,2011,

33(4):219-225.

[69] 张群,王英民.舰船尾流中气泡的主动声反射/散射模型[J].电声技术,2011, 35(8):46-50.

[70] 张志友,金良安,苑志江.舰船柴油主机尾气排放特性及其尾流抑制应用研究 [J].中国测试,2017,43(6):16-21.

[71] 张志友,金良安,苑志江.舰船主机尾气抑制尾流技术可行性分析[J].船海工 程,2017,46(2):188-191.

[72] 赵涵.水声信号的计算机模拟[J].声学与电子工程,1992(2):33-42.

[73] 赵向涛,孙续文,周明.尾流自导鱼雷弹道逻辑仿真[J].鱼雷技术,2009(2): 40-44.

[74] 周祥龙.潜艇鱼雷防御方法探讨[J].水雷战与舰船防护,2015,23(1):66- 69.

[75] 朱东华,张晓晖,顾建农,等.舰船尾流及其气泡数密度分布的数值计算[J]. 兵工学报,2011,32(3):315-320.

[76] 朱江江,陈伯义.水面舰船尾流气泡半径变化规律的研究[J].热科学与技术, 2005(2):146-149.

[77] 朱江江,陈伯义.水面舰船尾流气泡半径变化规律的研究[J].热科学与技术, 2005,4(2):146-149.

[78] 祝令国.尾流气泡声散射规律研究[J].舰船科学技术,2009.31(10):64-67.

[79] BALSER M, HARKLESS C, MCLAREN W, et al. Bragg—Wave Scattering and the Narrow—Vee Wake [J]. IEEE Transactionson on Geoscience and Remote Sensing, 2002,36(2):576-588.

[80] CARRICA P M, BONETTO F J, DREW D A, et al. The interaction of background ocean air bubbles with a surface ship [J]. International Journal for numerical method sinfluids,1998,2(28):571-600.

[81] CARRICAPM, DREWDA, BONETTOFJ, et al. Apoly disperse model for bubbly two-phrase flow around a surface ship [J]. International Journal for Numerical Method sin Fluids,1999,29(5):257-305.

[82] CARRICA P M, DREW D A, BONETTO F J,et al. A poly disperse model for bubbly two-phase flow around a surface ship [J]. International Journal of multiphase flow,1999(25): 257-305.

[83] COMMANDER K W. Linear pressure waves inbubbly liquids: Comparison

between theory and experiments [J]. The Journal of the Acoustical Society of America, 1989(85):732 - 746.

[84] DEDHIA A C, AMBUL Gekar P V, PANDIT A B. Static foam destruction:role of ultra sound [J]. Ultrasonics Sonochemistry, 2004, 11 (2):67 - 75.

[85] EZERSKII A, LER B, Selivanovskii. Echoranging observations of gas bubbles near thesea surface [J]. SovPhysAcoust, 1989, 35:483 - 484.

[86] FEUILLADE C. Theat tenuation and dispersion of sound in water containing multiply interacting air bubbles [J]. The Journal of the Acoustical Society of America, 1996, 99(6):3412 - 3430.

[87] GARRETT SONGA. Bubble transport theory with application to the upper ocean [J]. J Fluid Mech, 1973, 59(1):187 - 206.

[88] JIN W U. Bubble populations and spectrainnear. Surface Ocean: summary and review of field measurements [J]. Journal of Geophysical Research, 1981, 86(C1):457 - 463.

[89] JOHNSON B D, COOK C. Generation of stabilized micro. bubbles in seawaters [J]. Science, 1981(213):209 - 211.

[90] KARN A, SHAO S Y, ARNDT E A, et al. Bubble coale scence and break up inturbulent bubbly wake of aventi lated hydro foil [J]. Experimental Thermal and Fluid Science, 2016, 70:397 - 407.

[91] MEDVIN H, BREITZ N D. Ambient and transient, bubble spectral densities in quiescent seas and under spilling breakers [J]. Journal of Geophysical Research, 1989, 94(C9):12751 - 12759.

[92] MINER E W, GRIFFIN O M. Near-surface bubble motions in sea water [R]. AD. A168395, 1986.

[93] REGEV A, HASSID S, POREH M. Calculation of entrainment indensity jumps[J]. Environmental Fluid Mechanics, 2006, 6(5):407 - 424.

[94] SCOTT R. Surface Ships Strive to Survive the Modern Torpedo Threat [J]. Jane's Navy International, 2006, 6(2): 32 - 35.

[95] YOUNT D E, GILLARY E W, HOFFMAN D C. A microsco picinvesti gation of bubble for mation nuclei [J]. The Journal of the Acoustical Society of America, 1984(76):1511 - 1521.

索　引